러시아 문화와
생활 러시아어

러시아 문화와
생활 러시아어

이영범

보고사
BOGOSA

머 리 말

최근 한-러 관계가 과거에 비해 다방면에서 비약적으로 발전하고 있습니다. 또한 유라시아 시대에 러시아를 거쳐 유럽으로 연결될 남북 종단철도(TKR)와 시베리아 횡단철도(TCR)도 연결될 가능성이 커지고 있습니다. 러시아는 세계에서 영토가 가장 넓고, 석유와 가스를 비롯한 자원이 풍부하며 과학 기술과 문화 등에 있어서 수준이 높습니다. 이처럼 흥미로운 나라의 언어를 배움으로써 여러분은 러시아의 역사, 문화와 예술, 정치와 경제, 그리고 관광 등에 대해 더 가까이 다가갈 수 있을 것입니다.

본 교재는 처음으로 러시아어를 배우는 학습자를 대상으로 기획되었습니다. 따라서 학습자 여러분은 맨 처음에 러시아어 알파벳 쓰는 법을 익힌 후, 러시아어 강세(역점, 우다례니에)와 억양 등 발음과 문법 및 회화를 공부하게 될 것입니다.

이 책의 특징은 일상생활에서 자주 사용하는 말들을 중심으로 텍스트가 구성되었고, 특히 발음 중심의 읽기와 말하기를 집중적으로 배울 수 있도록 구성되었다는 점입니다. 또한 기초 러시아어 문법과 회화를 스스로 공부할 수 있도록 반복적인 문법 설명이 자세히 되어 있다는 점입니다. 아울러 처음으로 러시아어를 배우는 여러분이 흥미롭게 공부할 수 있도록 각 과마다 다양한 주제의 러시아 문화를 소개하는 코너를 만들었습니다.

제1과 : 러시아어 알파벳 '키릴 문자'의 창조와 변천, 제2과 : 러시아인의 성명 순서와 구조, 제3과 : 러시아 초, 중, 고등학교와 대학교, 제4과 : 러시아인들의 인사와 호칭, 제5과 : 러시아인들의 주거 및 여가 문화, 제6과 : 러시아의 주요 기념일과 축제, 제7과 : 러시아 음식 문화, 제8과 : 러시아 미술, 제9과 : 러시아인의 일상생활 에티켓, 제10과 : 러시아의 유명 작가

그동안 기초 생활 러시아어를 강의하면서 많은 문제들을 접하였습니다. 그 중에서도 특히 문법에 대해 충분히 설명할 수업 시간이 부족하다는 것이었습니다. 그래서 어떤 경우에는 여유를 가지고 학생들이 이해하기 쉽고 천천히 가르치기가 쉽지 않았습니다. 이런 문제를 해결하기 위해 고민한 결과 내린 결론은 교재에다 문법에 대해 가능한 자세히 그리고 반복해서 설명하는 방법을 도입해야겠다는 것이었습니다. 이를 통해 교수가 수업 진도를 맞추기 위해 서두르지 않고, 즉 시간적 여유를 가지고 차근차근 학생들과 호흡하면서 더 활기찬 수업을 할 수 있기 때문입니다. 이처럼 이 교재는 새로운 교수 학습 방법의 도입과 개선을 위해 특별히 만들어진 것입니다. 여러분은 이 교재를 통해 러시아어 공부에 더 적극적으로 참여할 수 있고, 예습과 복습을 자기 주도적으로 학습할 수 있습니다. 학생들뿐만 아니라, 일반인들도 이 책으로 혼자 초급 러시아어 공부를 쉽게 할 수 있습니다.

아무쪼록 본 교재를 사용하여 학습한 모든 학습자 여러분이 한 학기 과정을 마친 후 러시아어 발음과 회화 및 기초 문법 등에 대한 지식을 획득함으로써 보람과 기쁨을 느끼길 바랍니다. 아울러 러시아어 학습에 대한 자신감이 생기고, 러시아어에 대한 흥미와 관심이 더욱 커지며, 더 깊이 공부할 마음이 조금이나마 생기길 기대합니다.

끝으로 이 교재를 출판해 주신 보고사의 김흥국 사장님과 섬세한 손길로 책을 깔끔하게 만들어 주신 이순민 편집자님께 깊이 감사를 드립니다.

2019년 2월
우암산 기슭 연구실에서
이영범 교수

차 례

책머리에 / 5

러시아어 알파벳
Ру́сский алфави́т

- 러시아어는 인도 유럽어의 동슬라브어족에 속하는 언어다. 현재 사용하고 있는 러시아어 알파벳을 '키릴 문자'라고 한다. 키릴 문자는 863년에 그리스 성직자인 키릴(869년 사망한 콘스탄틴에게 로마 교황이 부여한 성자 명)과 메포지 형제가 그리스어 성경을 모라비아(현재 슬로바키아)인들이 읽을 수 있도록 최초의 슬라브어 알파벳인 '글라골라짜'를 만들었다. 그 후 10세기 경 키릴과 메포지의 제자들이 그리스 알파벳을 기초로 해서 슬라브 민족 특유의 발음에 적합하게 만든 새 알파벳을 '끼릴리짜'(또는 '키릴리차'), 즉 '키릴 문자'라 한다. 현재 러시아어 알파벳은 모음 10개, 자음 21개, 그리고 2개의 경음 부호와 연음 부호를 포함한 33개 문자로 구성되어 있다.

	활자체		필기체		명칭	발음
	(대문자)	(소문자)	(대문자)	(소문자)		
1	А	а	𝒜	𝒶	아	[a]
2	Б	б	𝐵	𝒷	베	[b]
3	В	в	𝐵	𝒷	붸	[v]
4	Г	г	𝒯	𝓏	게	[g]
5	Д	д	𝒟	𝑔	데	[d]
6	Е	е	𝓔	𝑒	예	[je]
7	Ё	ё	𝓔̈	𝑒̈	요	[jo]
8	Ж	ж	𝒲	𝓌	줴	[ʒ]
9	З	з	𝟹	𝓏	제	[z]
10	И	и	𝒰	𝓊	이	[i]
11	Й	й	𝒰̆	𝓊̆	이 끄라뜨꼬에 (짧은 이)	[j]
12	К	к	𝒦	𝓀	까	[k]
13	Л	л	𝓁	𝓁	엘	[l]
14	М	м	𝓜	𝓂	엠	[m]
15	Н	н	𝓗	𝓃	엔	[n]
16	О	о	𝒪	𝑜	오	[o]
17	П	п	𝒫	𝓃	뻬	[p]

	활자체		필기체		명칭	발음
	(대문자)	(소문자)	(대문자)	(소문자)		
18	Р	р	$\mathcal{P}$	p	에르	[r]
19	С	с	$\mathcal{C}$	c	에쓰	[s]
20	Т	т	$\mathcal{T}$	m	떼	[t]
21	У	у	$\mathcal{Y}$	y	우	[u]
22	Ф	ф	$\mathcal{F}$	f	에프	[f]
23	Х	х	$\mathcal{X}$	x	하	[kh]
24	Ц	ц	$\mathcal{U}$	u	쩨	[ts]
25	Ч	ч	$\mathcal{U}$	r	췌	[ch]
26	Ш	ш	$\mathcal{W}$	w	샤	[sh]
27	Щ	щ	$\mathcal{W}$	w	쉬샤	[shch]
28	Ъ	ъ		$\mathit{ъ}$	뜨뵤르드이 즈낙	경음 부호
29	Ы	ы		$\mathit{ы}$	으이	[ɨ]
30	Ь	ь		$\mathit{ь}$	먀흐끼이 즈낙	연음 부호
31	Э	э	$\mathcal{Э}$	$\mathit{э}$	에	[e]
32	Ю	ю	$\mathcal{Ю}$	$\mathit{ю}$	유	[ju]
33	Я	я	$\mathcal{Я}$	$\mathit{я}$	야	[ja]

◎ 활자체 대문자와 소문자의 명칭을 읽고 써보기

A a
[아]

Б б
[베]

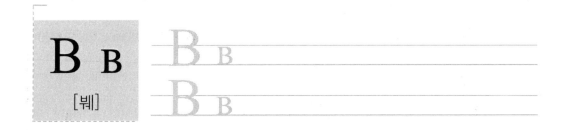

В в
[붸]

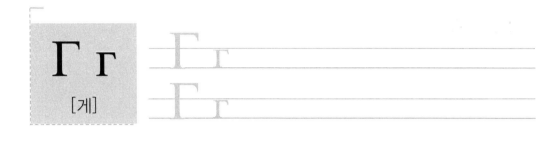

Г г
[게]

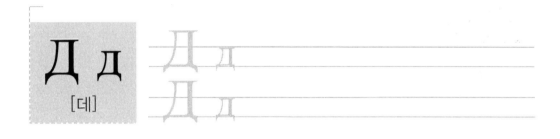

Д д
[데]

Е е
[예]

Ё ё
[요]

Ж ж
[줴]

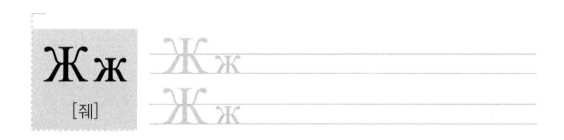

З з
[제]

И и
[이]

Й й
[이 끄라뜨꼬에]

К к
[까]

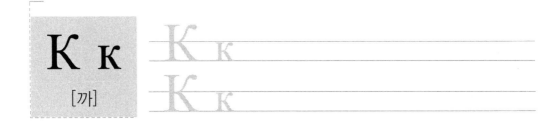

Л л
[엘]

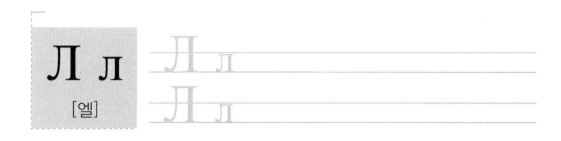

М м
[엠]

Н н
[엔]

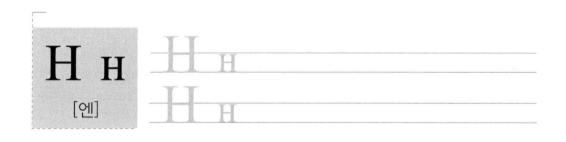

О о
[오]

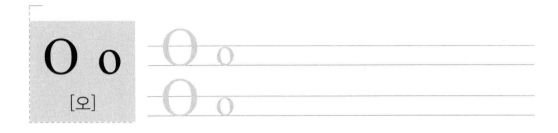

П п
[뻬]

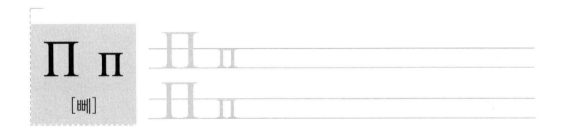

Р р
[에르]

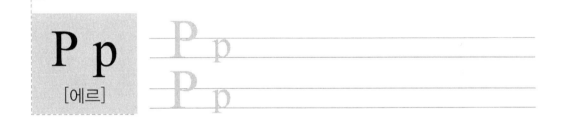

С с
[에쓰]

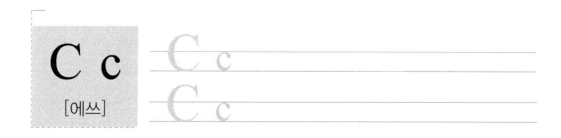

Т т
[떼]

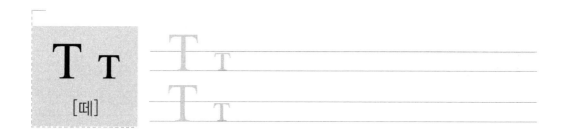

У у
[우]

Ф ф
[에프]

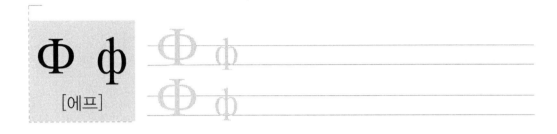

Х х
[하]

Ц ц
[쩨]

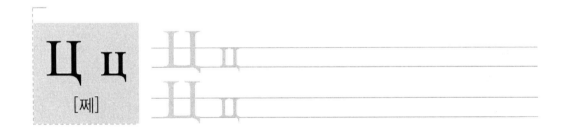

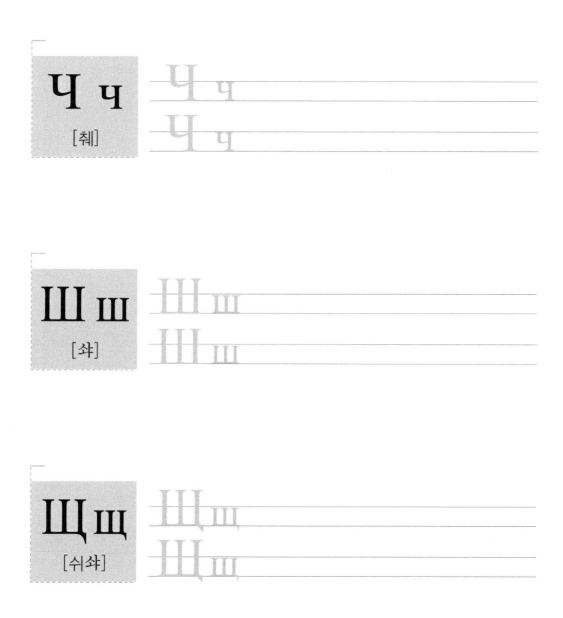

Ч ч
[췌]

Ш ш
[샤]

Щ щ
[쉬쌰]

Ъ ъ

[뜨뵤르드이 즈낙]

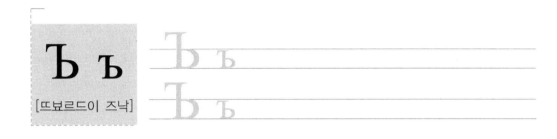

Ы ы

[으이]

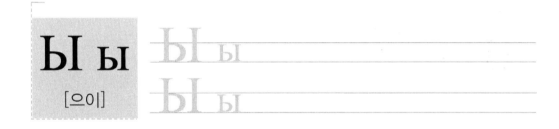

Ь ь

[먀흐끼이 즈낙]

Э э
[에]

Ю ю
[유]

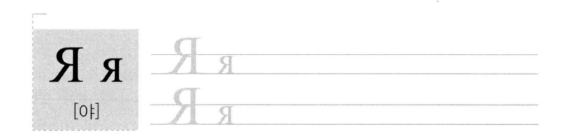

Я я
[야]

◎ 경음 부호와 연음 부호의 특징

1) 영어 알파벳에는 없는 2개의 부호(경음 부호 ъ와 연음 부호 ь)가 있다.

2) 경음 (표시) 부호(твёрдый знак 뜨보르드이 즈낙 ъ)는 그 앞에 위치하는 자음을 딱딱한 소리(경음)로 내게 하라는 부호다. 또한 경음 부호는 단지 접두사 뒤에서만 쓰이며, 분리 기호 역할을 하기도 한다.

3) 연음 (표시) 부호(мягкий знак 먀흐끼이 즈낙 ь)는 그 앞에 위치하는 자음을 부드러운 소리, 즉 연음으로 내게 하라는 부호다.

◎ 도시 명칭을 보고 듣고 알파벳순으로 쓰면서 강세 표시하기

Москва́ 모스크바	Санкт-Петербу́рг 상트페테르부르크
[마스끄바]	[쌍뜨-뻬찌르부르크]

Владивосто́к 블라디보스토크	Новосиби́рск 노보시비르스크
[블라지바쓰똑]	[나바씨비르쓰끄]

◎ 러시아인의 이름을 알아보고 읽어보기

• 남성 이름 :

Андре́й 안드레이,   Ива́н 이반,   Анто́н 안톤,   Алекса́ндр 알렉산드르
[안드레이]   [이반]   [안똔]   [알릭싼드르]

Ви́ктор 빅토르,   Влади́мир 블라디미르,   Серге́й 세르게이
[빅따르]   [블라지미르]   [씨르계이]

• 여성 이름 :

Анна 안나,   Еле́на 엘레나,   Ири́на 이리나,   Ка́тя 카탸(카차)
[안나]   [일례나]   [이리나]   [까쨔]

Людми́ла 류드밀라,   Ната́ша 나타샤,   Ольга 올가
[류드밀라]   [나따샤]   [올리가]
                                        (원래 맨 앞의 모음에 강세가 올 경우, 강세 표시는 생략!)

Со́ня   소냐,   Татья́на 타티야나(타치야나)
[쏘냐]   [따찌야냐]

• 러시아 대통령과 유명 작가들의 성

Пу́тин 푸틴,   Пу́шкин 푸시킨,   Го́голь 고골(리),   Тургене́в 투르게네프
[뿌찐]   [뿌쉬낀]   [고갈리]   [뚜르기녜프]

Достое́вский 도스토옙스키,   Толсто́й 톨스토이,   Че́хов 체호프(체홉)
[다쓰따예프쓰끼]   [딸쓰또이]   [체하프]

러시아 문화 Рýсская культýра

◎ 러시아어 알파벳 '키릴 문자'의 창조와 변천

러시아어 알파벳이 언제 누구에 의해 왜 만들어졌으며, 어떻게 바뀌어 왔는지 등에 대해 알아보자.

863년에 그리스 성직자인 콘스탄틴과 메포지(Константúн и Мефóдий 깐쓰딴찐 이미포지이)가 그리스어 성경을 모라비아(현재 슬로바키아)인들이 읽을 수 있도록 최초의 슬라브어 알파벳(문자)을 만들었다.(참고로 슬라브어는 동슬라브어, 서슬라브어, 남슬라브어로 구성되는데, 러시아어는 동슬라브어에 속한다. 그리고 러시아와 우크라이나, 그리고 벨로루스가 동슬라브어를 사용한다.) 최초로 만들어진 슬라브어 알파벳을 '글라골리짜 глагóлица'라 한다. 이 알파벳을 만든 그리스 성직자 콘스탄틴이 869년에 사망하자, 로마 교황이 그에게 '키릴 Кирúлл 끼릴'이라는 성자의 이름을 부여한다.

그 후 10세기경에 콘스탄틴(즉, 키릴)과 메포지의 제자들이 그리스 문자를 기초로 해 새로운 알파벳을 만든다. 바로 이 알파벳이 현재 우리가 배우는 러시아어 알파벳인 '키릴리차'(Кирúллца 끼릴리짜), 즉 '키릴 문자'다. 당시 슬라브족의 교회 성직자와 상류층 지식인들이 이 알파벳을 사용했다. 이 '고대 교회 슬라브어' 알파벳을 기초로 해서 11세기부터 민중이 사용하는 '고대 러시아어'가 점차 발달하기 시작한다. 18세기 초에 '서구화의 기수'로 불리는 표트르 대제(피터 1세)에 의해 알파벳이 개혁된다. 이

개혁된 알파벳을 '시민 문자'라고 한다. 이어서 18세기 중엽에 다시 알파벳 개혁이 이루어지고, 1917년 10월 혁명 시기에 러시아어 알파벳이 마지막으로 개혁된다. 그 결과 현대 러시아인이 사용하는 알파벳이 최종적으로 확정된 것이다. 즉, 러시아어 알파벳은 자음 21개, 모음 10개, 그리고 부호 2개, 총 33개 문자다.

제 2 과(Урóк 2)
러시아어 발음
Рýсское произношéние

◎ 러시아어의 발음

러시아어의 발음은 영어 등에 비해 쉬운 편이다. 기본적으로 '1음 1문자' 원칙을 갖고 있다. 예외(경음부호와 연음부호 제외)가 있으나, 거의 모든 문자를 발음한다. 특히 영어 등에 비해 음절(모음)이 많아(10개) 배우기가 쉬운 편이다. 강세(역점)가 있는 모음은 없는 모음들에 비해 더 강하고 길게 발음하지만, 강세가 없는 모음은 더 약하고 짧게 발음한다.

러시아어의 명사와 대명사 및 형용사 등은 3가지 성(남성, 여성, 중성) 중 각 '성'과 단수와 복수의 '수', 그리고 6가지 격(주격, 생격(소유격), 여격, 대격(목적격), 조격, 전치격)이 있다. 이 각각의 '격'에 따라 '어미'의 형태(모양)가 달라진다. 동사도 주어의 인칭(1, 2, 3인칭)과 수(단수와 복수)에 따라 '어미'의 형태(모양)이 달라진다.

이처럼 러시아어 복잡한 문법은 러시아어를 처음으로 배우는 학습자에게 다소 어렵게 여겨질 수도 있다. 하지만 러시아어는 논리적인 규칙에 따라 어미의 형태가 변하는 매우 과학적인 특성을 지닌 언어이기 때문에 문법의 원리를 이해하여 꾸준히 배우고 익히며 사용하다 보면, 점점 더 쉬워진다는 사실을 깨닫게 된다.

이 교재는 주로 대화 중심의 기초 회화를 익히는 것을 목표로 삼는다. 동시에 기본적인 러시아어 대화 텍스트에 들어 있는 기본적인 문법적 요소를 설명함으로써 생산적이고 효과적인 학습 효과를 거두는 데 목표를 두고 있다.

● 모음 문자의 발음

러시아어의 모음은 10개(а, о, у, э, ы, и, я, ё, ю, е)이나, 실제로 소리가 나는 모음은 6개(а, о, у, э, ы, и)다. 10개의 모음 옆에 한글로 표기하면 다음과 같다.

> а 아, о 오, у 우, э 에,
> ↕   ↕   ↕   ↕
> я 야, ё 요, ю 유, е 예
>
> ы 의, и 이

즉, 4쌍의 단모음과 이에 대응하는 연모음 및 경모음 ы와
이에 대응하는 연모음 и가 있다

① а ㅏ ↔ я ㅑ   ② о ㅗ ↔ ё ㅛ

③ у ㅜ ↔ ю ㅠ   ④ э ㅔ ↔ е ㅖ

⑤ 경모음 ы ㅡ ↔ 연모음 и ㅣ

◎ 자음 + 모음의 발음 연습

• 자음＋모음 a

ба 바, ва 바, фа 파, га 가, ка 까, да 다, та 따, за 자, са 싸, жа 좌, ша 샤

• 자음＋모음 o

бо 보, во 보, фо 포, го 고, ко 꼬, до 도, то 또, зо 조, со 쏘, жо 죠, шо 쇼

• 자음＋모음 y

бу 부, ву 부, фу 푸, гу 구, ку 꾸, ду 두, ту 뚜, зу 주, су 쑤, жу 쥬, шу 슈

• 자음＋모음 ы

бы 브이, вы 브이, фы 프이, гы X, кы X, ды 드이, ты 뜨이, зы 즈이, сы 쓰이

• 자음＋모음 э

бэ 베, вэ 베, фэ 페, гэ 게, кэ 께, дэ 데, тэ 떼, зэ 제, сэ 쎄

◎ 모음 + 자음의 발음 연습

- **모음 + 자음** л

  ал 알, ол 올, ул 울, ыл 으일, эл 엘

- **자음** л **+ 모음**

  ла 라, ло 로, лу 루, лы 르이, лэ 레

- **모음 + 자음** м

  ам 암, ом 옴, ум 움, ым 으임, эм 엠

- **자음** м **+ 모음**

  ма 마, мо 모, му 무, мы 므이, мэ 메

- **모음 + 자음** м

  ан 안, он 온, ун 운, ын 으인, эн 엔

- **자음** н **+ 모음**

  на 나, но 노, ну 누, ны 느이, нэ 네

- **모음 + 자음** р

  ар 아르, ор 오르, ур 우르, ыр 으이르, эр 에르

- **자음** р **+ 모음**

  ра 라, ро 로, ру 루, ры 르이, рэ 레

◎ 자음 + 모음의 발음 연습

• **자음 + 경모음** ы ↔ **자음 + 연모음** и

ты 뜨이	ти 찌
ды 드이	ди 지
зы 즈이	зи 지
сы 쓰이	си 씨

◎ 연모음 я, ё, ю, е 의 발음 연습

> 연모음 я, ё, ю, е는 경모음 а, о, у, э 앞에 짧은 이 й(즉, 반모음 й)가
> 더해져 발음되는 모음이다.

① й + а → я
ㅣ + ㅏ → ㅑ
② й + о → ё
ㅣ + ㅗ → ㅛ
③ й + у → ю
ㅣ + ㅜ → ㅠ
④ й + э → е
ㅣ + ㅔ → ㅖ

- **연모음 + 자음 м**

  ем 옘, ём 욤, юм 윰, ям 얌

- **연모음 + 자음 т**

  ет 옛(예뜨), ёт 욧(요뜨), ют 윳(유뜨), ят 얏(야뜨)

- **자음 б + 모음**

  бе 베, вё 뵤, бю 뷰, бя 뱌

- **자음 в + 모음**

  ве 베, вё 뵤, вю 뷰, вя 뱌

- **자음 з + 모음**

  зе 제, зё 죠, зю 쥬, зя 쟈

- **자음 д + 모음**

  де 제, дё 죠, дю 쥬, дя 쟈

- **자음 с + 모음**

  се 쎼, сё 쑈, сю 쓔, ся 쌰

- **자음 т + 모음**

  те 쩨, тё 쬬, тю 쮸, тя 쨔

◎ 대응하는 유성자음과 무성자음 6쌍

① б ↔ п,　② в ↔ ф,　③ г ↔ к,　④ д ↔ т,　⑤ з ↔ с,　⑥ ж ↔ ш

• 유성 자음 ↔ 무성 자음

① б ㅂ ↔ п ㅃ

ба 바	бо 보	бу 부	бы 브이	бя 뱌	бе 볘	бё 뵤	бю 뷰	би 비
↕	↕	↕	↕	↕	↕	↕	↕	↕
па 빠	по 뽀	пу 뿌	пы 쁘이	пя 뺘	пе 뼤	пё 뾰	пю 쀼	пи 삐

② в ㅂ ↔ ф ㅍ

ва 바	во 보	ву 부	вы 브이	вя 뱌	ве 볘	вё 뵤	вю 뷰	ви 비
↕	↕	↕	↕	↕	↕	↕	↕	↕
фа 파	фо 포	фу 푸	фы 프이	фя 퍄	фе 폐	фё 표	фю 퓨	фи 피

③ г ㄱ ↔ к ㄲ

га 가	го 고	гу 구	гы х	гя 갸	ге 계	гё 교	гю 규	ги 기
↕	↕	↕	↕	↕	↕	↕	↕	↕
ка 까	ко 꼬	ку 꾸	кы 끄이	кя 꺄	ке 꼐	кё 꾜	кю 뀨	ки 끼

④ д ㄷ ↔ т ㄸ

да 다	до 도	ду 두	ды 드이	дя 쟈	де 졔	дё 죠	дю 쥬	ди 지
↕	↕	↕	↕	↕	↕	↕	↕	↕
та 따	то 또	ту 뚜	ты 뜨이	тя 쨔	те 쪠	тё 쬬	тю 쮸	ти 찌

⑤ з ㅈ ↔ с 쓰

за 자	зо 조	зу 주	зы 즈이	зя 쟈	зе 제	зё 죠	зю 쥬	зи 지
↕	↕	↕	↕	↕	↕	↕	↕	↕
са 싸	со 쏘	су 쑤	сы 쓰이	ся 쌰	се 쎄	сё 쏘	сю 쓔	си 씨

⑥ ж ㅈ ↔ ш ㅅ

жа 좌	жо 죠	жу 쥬	жы X	жя X	же 줴	жё 죠	жю X	жи 쥐
↕	↕	↕	↕	↕	↕	↕	↕	↕
ша 샤	шо 쇼	шу 슈	шы X	шя X	ше 쉐	шё X	шю X	ши 쉬

※ X자 표시가 된 곳은 특정한 자음 뒤에는 특정한 모음이 올 수 없다는 정자법(正字法) 규칙 때문이다. 즉, 기음 г, к, х와 쉬음 ж, ч, ш, щ 뒤에서는 ы, я, ю를 쓰지 못한다. 그 대신 ы는 и로, я는 а로, ю는 y로 바꾸어 쓴다.

• 경자음과 연자음의 발음

① 경자음＋ы ↔ 연자음＋и

ны 느이 ↔ ни 니	лы 르이 ↔ ли 리
мы 므이 ↔ ми 미	ры 르이 ↔ ри 리
ты 뜨이 ↔ ти 찌	ды 드이 ↔ ди 지
сы 쓰이 ↔ си 씨	зы 즈이 ↔ зи 지
пы 쁘이 ↔ пи 삐	бы 브이 ↔ би 비
вы 브이 ↔ ви 비	фы 프이 ↔ фи 피

② 경자음＋o ↔ 연자음＋ё

но 노 ↔ нё 뇨   ло 로 ↔ лё 료
мо 모 ↔ мё 묘   ро 로 ↔ рё 료
то 또 ↔ тё 쬬   до 도 ↔ дё 죠
со 쏘 ↔ сё 쑈   зо 조 ↔ зё 죠
по 뽀 ↔ пё 뾰   бо 보 ↔ бё 뵤
во 보 ↔ вё 뵤   фо 포 ↔ фё 표

③ 경자음＋э ↔ 연자음＋е

нэ 네 ↔ не 녜   лэ 레 ↔ ле 례
мэ 메 ↔ ме 몌   рэ 레 ↔ ре 례
тэ 떼 ↔ те 쩨   дэ 데 ↔ де 졔
сэ 쎄 ↔ се 쎼   зэ 제 ↔ зе 졔
пэ 뻬 ↔ пе 뼤   бэ 베 ↔ бе 볘
вэ 베 ↔ ве 볘   фэ 페 ↔ фе 폐

④ 경자음＋a ↔ 연자음＋я

на 나 ↔ ня 냐   ла 라 ↔ ля 랴
ма 마 ↔ мя 먀   ра 라 ↔ ря 랴
та 따 ↔ тя 쨔   да 다 ↔ дя 쟈
са 싸 ↔ ся 쌰   за 자 ↔ я 쟈
па 빠 ↔ пя 뺘   ба 바 ↔ бя 뱌
ва 바 ↔ вя 뱌   фа 파 ↔ фя 퍄

⑥ 경자음＋y ↔ 연자음＋ю

ну 누 ↔ ню 뉴   лу 루 ↔ лю 류

му 무 ↔ мю 뮤   ру 루 ↔ рю 류

ту 뚜 ↔ тю 쮸   ду 두 ↔ дю 쥬

су 쑤 ↔ сю 쓔   зу 주 ↔ зю 쥬

пу 뿌 ↔ пю 쀼   бу 부 ↔ бю 뷰

ву 부 ↔ вю 뷰   фу 부 ↔ фю 퓨

• 반й모음(또는 연자음) й와   모음 и의 발음

мой 모이 ↔ мо́й 마이

твой 뜨보이 ↔ тво́й 뜨바이

반모음 й(또는 연자음 й)은 문자 й는 모음 뒤에서만 쓰이며, 음성적 기호는 [j]다.

◎ 단어의 마지막 자음이 연음 부호가 없는 경우와 있는 경우

연음 부호 ь는 앞의 자음이 연음(즉 부드러운 소리)을 표현하는 기호이며, 혀를 모음 и의 위치에 두고 애매하게 발음되는 소리다. 따라서 한글로 정확히 표기하기 어렵다. 예를 들어, мать를 '마찌'라고 쓰지만, 이를 발음할 때는 그대로 소리를 내는 대신, 아주 작고 애매하게 발음해야 한다.

> мат 마뜨 ↔ мать 마찌, кон 꼰 ↔ конь 꼬니,
> брат 브라뜨 ↔ брать 브라찌

러시아 문화 Ру́сская культу́ра

◎ 러시아인의 성명 순서와 구조

러시아인의 성명은 '이름 + 부칭 + 성'으로 구성된다. 예를 들어, 유명한 러시아 낭만주의 시인이자 작가인 푸시킨의 성명은 '세르게이 알렉산드로비치 푸시킨 Серге́й Алекса́ндрович Пу́шкин 씨르계이 알릭싼드라비치 뿌쉬낀'이다. 즉, 푸시킨은 '성'에 해당한다. '아버지의 이름'을 뜻하는 '부칭'은 러시아어에만 존재하는 독특한 특징이다. 상대방에게 예의를 갖춰 부를 경우, 상대방의 이름과 부칭을 함께 부른다. 푸시킨에게 예의를 갖춰 부를 경우, '세르게이 알렉산드로비치 Серге́й Алекса́ндрович 씨르계이 알릭싼드라비치'라고 부른다. 공식 석상에서는 '세르게이 알렉산드로비치 푸시킨 Серге́й Алекса́ндрович Пу́шкин 씨르계이 알릭싼드라비치 뿌쉬낀'이라고 불러야 한다. 보통 친구들이나 친한 사이에는 '이름'만 부른다. 즉, 뿌쉬낀의 경우, '세르게이 Серге́й 씨르계이'라고 부른다.

참고로, 남성의 부칭은 아버지의 이름에 -오비치 -ович, -예비치 -евич, -이치 -ич 등을 붙여서 만든다. 여성의 부칭은 마찬가지로 아버지의 이름에 -오브나 -овна, -예브나 -евна, -이니치나 -иничина, -이치나 -ичина 등을 붙여서 만든다. 예를 들어, 앞에서 설명한 바와 같이 푸시킨의 부칭이 '알렉산드로비치 Алекса́нд<u>рович</u>

알릭싼드라비치'이므로, 그의 아버지 이름이 '알렉산드르 Алекса́ндр 알릭싼드르'임을 알 수 있다. 또한 '알렉산드르 Алекса́ндр 알릭싼드르'의 딸의 이름이 '올가 Ольга'라고 한다면, 그녀의 부칭은 '알렉산드로브나 Алекса́ндровна 알릭싼드라브나'가 된다.

이어서 사랑스럽게 불리어지는 이름을 '애칭'이라 한다. 이에 대해 알아보자. 푸시킨의 시 형식의 소설 『예브게니 오네긴 Евге́ний Оне́гин 이브게니 아녜긴』의 여주인공의 이름은 '타티(치)야나 Татья́на 따찌야나'이고, 그녀의 애칭은 '타냐 Та́ня 따냐'다. 러시아인들은 가족이나 친척, 또는 친구들 간에 '사랑스럽고 친근하게 부르는 이름', 즉 '애칭'을 많이 사용한다.

마지막으로 러시아 남성과 여성의 이름, 그리고 푸틴 대통령과 유명 작가들(푸시킨, 고골, 도스토옙스키, 톨스토이, 체호프 등)의 이름이 한글맞춤법 상 표기와 러시아어에 가까운 표기 간 차이에 대해서도 살펴보자. 예를 들어, 먼저 러시아어로 'Андре́й'라고 쓰고, 그 옆에 '안드레이'라고 한글로 쓰고, 그 아래에는 [안드례이]라고 표기하기로 한다. 이처럼 차이가 나는 이름들도 있지만, Ива́н 이반[이반]처럼 동일한 경우도 있다. 앞에서 이미 살펴봤지만, 여기서 다시 한 번 익히도록 하자.

◎ 러시아인의 <u>이름</u>을 알아보고 읽어보기

• 남성 이름 :

Андре́й 안드레이,　Ива́н 이반,　Анто́н 안톤,　Алекса́ндр 알렉산드르
　　[안드레이]　　　　[이반]　　　　[안똔]　　　　　　[알릭싼드르]

Ви́ктор 빅토르,　Влади́мир 블라디미르,　Серге́й 세르게이
　　[빅따르]　　　　　[블라지미르]　　　　　[씨르계이]

• 여성 이름 :

А́нна 안나,　Еле́на 엘레나,　Ири́на 이리나,　Ка́тя 카탸(카차)
　[안나]　　　[일레나]　　　　[이리나]　　　　[까쨔]

Людми́ла 류드밀라,　Ната́ша 나타샤,　Ольга 올가
　　[류드밀라]　　　　　[나따샤]　　　　[올리가]

Со́ня 소냐,　Татья́на 타티야나(타치야나)
　[쏘냐]　　　　[따찌야냐]

• 러시아 대통령과 유명 작가들의 성

Пу́тин 푸틴,　Пу́шкин 푸시킨,　Го́голь 고골(리),　Тургене́в 투르게네프
　[뿌찐]　　　　[뿌쉬낀]　　　　[고갈리]　　　　　[뚜르기녜프]

Достое́вский 도스토옙스키,　Толсто́й 톨스토이,　Че́хов 체호프(체홉)
　[다쓰따예프쓰끼]　　　　　　[딸쓰또이]　　　　[체하프]

강세(역점)와 억양
Ударе́ние и интона́ция

◎ 음절

음절은 최소 발음 단위이며, 모음 하나가 한 음절에 해당되며, 강세 및 억양과도 연관된다. 예를 들어, 모음이 2개인 단어를 2음절 단어라 한다.

◎ 강세(또는 역점)

강세는 소리의 강하고 약함뿐 아니라 길고 짧음을 지닌 특성이 있다. 즉, 강세를 받는 모음(역점이 있는 모음)은 강하고 길고, 정확히 발음된다. 또한 2음절 이상의 단어에서 강세 모음은 다른 비강세 모음들보다 상대적으로 더 강하고 길게 발음되지만, 이와 동시에 비강세 모음들은 상대적으로 소리가 더 짧고 약해져 다른 모음으로 발음된다.(즉, 비강세 모음의 약화 현상이 발생한다.)

◎ 비강세 모음 약화 현상

1) '아'까니에 현상

2음절 이상의 단어에서 강세를 받는 모음은 다른 비강세 모음들보다 상대적으로 더 강하고 길게 발음되지만, 강세를 받지 않는 모음, 즉 비강세 모음 o가 약화되어 [아]에 가까운 소리로 약화되는 것을 '아까니에 현상'이라 한다.(хорошо́ 허라쇼 처럼 같은 모음이 3개인 경우, 맨 앞의 모음이 더 약화돼 '어'로 발음해야 더 정확하나 '아'로 해도 무방함.)

мя́со 먀싸, хорошо́ 허라쇼, пло́хо 쁠로하, она́ 아나, оно́ 아노,

они́ 아니, пого́да 빠고다, библиоте́ка 비블리악쩨까,

Владивосто́к 블라지바스똑, Достое́вский 다스따예프쓰끼

---

2) '이'까니에 현상

2음절 이상의 단어에서 강세를 받지 않는 모음, 즉 비강세 모음 a, я, e가 약화되어 [이]에 가까운 소리로 약화되는 것을 '이까니에 현상'이라 한다.

час 촤쓰 – часы́ 치쓰이, мя́со 먀싸 – мясно́й 미쓰노이,

река́ 리까 – ре́ки 레끼, меня́ 미냐, тебя́ 찌뱌, ему́ 의무

• 1음절 단어 −

я 나, мы 우리, ты 너, вы 너희(당신)들, он 그(이), 그 남자,
мне 나에게, ей 그녀에게 , нам 우리에게, вам 너희(당신)에게,
им 그들에게, нас 우리를, вас 너희(당신)를

• 2음절 단어 − −

ма́ма 엄마, па́па 아빠, она́ 그녀, оно́ 그것, они́ 그들, меня́ 나를,
ему́ 그에게 тебя́ 너를, его́ 그를, её 그녀를, на́ми 우리에 의해서,
ва́ми 너희(당신)에 의해서, пло́хо 나쁘게, 나쁘다, кни́га 책

• 3음절 단어 − − −

хорошо́ 잘, 좋게, 좋다, магази́н 상점, пого́да 날씨,
ко́мната 방

• 4음절 이상의 다음절 단어 − − − − − …

библиоте́ка[비블리아쩨까] 도서관,
Владивосто́к[블라지바스똑] 블라디보스토크,
Достое́вский[다쓰따예프쓰끼] 도스토옙스키

◎ 자음의 발음 규칙

● 유성 동화와 무성 동화 현상

단어의 중간에서 어느 소리가 만나 충돌하여 인접한 다른 소리를 닮거나, 또는 전치사 의 끝 자음과 다음에 오는 단어의 첫 자음이 만나 충돌하여 서로 소리를 닮으려 하는 것을 동화라 한다. 모음과 결합하는 자음은 유성 자음과 무성 자음 모두 가능하나, 자음이 겹칠 경우 앞의 자음이 뒤의 자음을 닮아 소리가 서로 같아지려 하는 현상이 발생하는데, 이를 '역행 동화 현상'이라 한다.

1) 자음 유성 동화 현상

이 동화 현상 중 가장 특징은 유성 동화와 무성 동화인데, 두 동화 현상 중 하나가 발생한다. 만약 뒤의 자음이 유성음일 때 앞의 자음이 뒤 자음의 영향을 받아(즉, 유성음 자질을 닮아) 유성음으로 소리가 나는데, 이를 '유성 동화'라 한다.

예를 들어, экзáмен이란 단어의 중간에서 무성 자음 к와 유성 자음 з가 충돌하여, 앞의 무성 자음 к가 뒤의 유성 자음 з의 영향을 받아, 유성 자음으로 닮게 된다. 그런데 여기서 중요한 것은 무성 자음 к가 반드시 대응하는 유성 자음인 г로 바뀐다는 점이다. 따라서 '에끄자민'이 아닌, '에그자민'으로 발음된다.

2) 자음 무성 동화 현상

이와 반면 뒤의 자음이 무성음일 때, 앞의 자음이 무성음으로 소리 나는 현상을 '무성동화 현상'이라 한다.

예를 들어, ошúбка란 단어의 중간에서 유성 자음 б와 무성 자음 к가 충돌하여, 앞의 유성 자음 б가 뒤의 무성 자음 к의 영향을 받아, 무성 자음으로 닮게 된다. 그런데 여기서 중요한 것은 유성 자음 б가 반드시 대응하는 무성자음인 п로 바뀐다는 점이다. 따라서 '아쉬브까'가 아닌, '아쉬쁘까'로 발음된다.

• 어말 무성음화 현상

단어의 끝, 즉 어말에서는 모든 자음이 무성음으로 소리가 나는데, 이를 '어말 무성음화 현상'이라 한다.

특히, по́езд란 단어처럼 어말의 자음이 2개 이상인 경우, 마지막 어말의 유성 자음 д가 대응하는 무성 자음 т로 바뀜과 동시에 그 앞의 유성 자음 з에 영향을 미쳐, 대응하는 무성 자음 с로 바뀌게 된다. 즉, 연쇄적으로 동화되어 두 유성 자음이 대응하는 무성음으로 소리가 나게 된다. 따라서 '뽀이즈드'가 아닌, '뽀이쓰트'로 발음된다.

6쌍의 유성-무성 자음의 예를 들어, '어말 무성음화 현상'을 설명하면 다음과 같다.

1) хлеб란 단어의 끝 자음인 유성 자음 б가 반드시 대응하는 무성자음인 п로 바뀐다. 따라서 '흘레브'가 아닌, '흘레쁘'로 발음된다.

2) о́стров란 단어의 끝 자음인 유성 자음 в 역시 반드시 대응하는 무성자음인 ф로 바뀐다. 따라서 '오쓰뜨라브'가 아닌, '오쓰뜨라프'로 발음된다.

3) друг란 단어의 끝 자음인 유성 자음 г 역시 반드시 대응하는 무성자음인 к로 바뀐다. 따라서 '드루그'가 아닌, '드루크'로 발음된다.

4) год란 단어의 끝 자음인 유성 자음 д 역시 반드시 대응하는 무성자음인 т로 바뀐다. 따라서 '고드'가 아닌, '고트'로 발음된다.(이 경우, '고뜨'로 발음이 되기보다는 '고트'로 발음된다.)

특히 тетра́дь란 단어의 끝 자음인 유성 자음 д가 연음 부호로 끝나는 단어는 반드시 대응하는 무성 자음이자 경자음인 т로 바뀌는 대신, 그 연음 부호의 영향을 받아 ть처럼 연자음으로 발음된다. 따라서 '찌뜨라지'가 아닌, '찌뜨라찌'로 발음된다.

5) му**ж**란 단어의 끝 자음인 유성 자음 ж 역시 반드시 대응하는 무성자음인 ш로 바뀐다. 따라서 '무**쥐**'가 아닌, '무**쉬**'로 발음된다.

6) расска́**з**란 단어의 끝 자음인 유성 자음 з 역시 반드시 대응하는 무성자음인 с로 바뀐다. 따라서 '라쓰까**즈**'가 아닌, '라쓰까**쓰**'로 발음된다.

※ 그런데 자음들 중에서 유성 자음 B는 1) 뒤에 오는 자음이 유성 자음이면, 유성음 그대로 소리가 나는데, 2) 뒤에 오는 자음이 무성 자음이면, 무성음으로 소리가 난다는 점이 특이하다.

• 러시아어의 억양

러시아어에는 대체로 6-7가지 기본적인 억양 구조(интонационная конструкция : 약칭 ИК)가 있다. 이 책에서는 5가지만 간단히 소개하고자 한다. 억양은 문맥과 상황에 따라, 화자가 어디에 중점을 두어 강조하느냐에 따라 억양의 위치가 달라질 수 있다.

1) ИК 1 (평서문의 억양 구조)

<u>마침표로 끝나는 문장</u>, 즉 <u>평서문</u>에서 사용되는 억양 구조가 ИК 1이다.
'<u>이것은 –이다</u>'라는 형태의 <u>서술문</u>에 사용된다. 문장의 <u>꼬리를 내린다</u>.

Он студе́нт.
그는 대학생이다.

2) ИК 2 (의문사가 있는 의문의 역양 구조)

의문사가 있는 의문문에서 사용되는 역양 구조가 ИК 2이다.

의문사 부분에서 톤을 올린다.

Откýда он?

그는 <u>어디</u> 출신이죠?(그는 <u>어디로부터</u> 왔죠?)

Где он живёт?

그는 <u>어디에</u> 살죠?

Скóлько емý лет?('емý'는 3인칭대명사 단수 주격 он의 '여격' 형태)

그는 몇 살이죠?

Кудá он идёт?

그는 <u>어디로</u> (걸어)가고 있죠?

Что он изучáет?

그는 <u>무엇을</u> 연구(공부)하고 있죠?

Какóй язы́к он изучáет?

그는 <u>어떤</u> 언어를 배우고 있죠?

Почемý он изучáет рýсский язы́к?

그는 <u>왜</u> 러시아어를 배우고 있죠?

Как он говори́т по-ру́сски?

그는 러시아어를 **어떻게** 말하죠?(회화 수준이 어떤가요?)

Когда́ он хо́чет пое́хать в Росси́ю?

그는 **언제** 러시아에 가길 원하죠?

3) ИК 3 (의문사가 없는 의문의 억양 구조)

의문사가 없는 의문문에서 사용되는 역양 구조가 ИК 3이다.

되묻거나 공손한 요청 등을 표현할 때 사용하며, 강조하고자 하는 부분에서 톤을 올린다.

Вам поня́тно?('무인칭문'에서 주어 Вы 대신 Вам 여격 사용!)

여러분, 이해했어요?

Вы всё понима́ете?

여러분, 다 알겠어요?

4) ИК 4 (화제 전환 접속사 А로 시작되는 의문문의 억양 구조)

'그런데', '그럼' 등을 뜻하는 화제 전환 접속사 А로 시작되는 의문문에서 사용되는 역양 구조가 ИК 4이다.

<u>А</u> э́то?

<u>그럼</u> 이것은(요)?

<u>А</u> вы?

<u>그런데</u> 당신은(요)?

5) ИК 5 (감탄문의 억양 구조)

감탄사가 사용되는 역양 구조가 ИК 5이다.

<u>의문사</u> 부분을 <u>감정을 넣어 강조해서 표현</u>한다.

<u>Как</u> хорошо́ !

<u>정말</u> 좋아요!

<u>Како́й</u> краси́вый парк!

<u>얼마나</u> 아름다운 공원인가!

러시아 문화 Рýсская культýра

◎ 러시아 초, 중, 고등학교와 대학교

러시아의 초등학교와 중학교와 고등학교는 한국의 12년제와 달리, 각각 4년, 5년, 2년의 11년제이며, 같은 건물과 운동장을 사용한다. 그리고 각 학교는 교유한 이름 대신 주로 번호를 사용한다. 예를 들어, '제1 학교', '제2 학교'처럼 번호를 붙여 학교 이름을 짓는다. 어떤 학생들은 중학교 과정을 수료한 후 고등학교로 진학하지 않고, 2-3년 과정의 직업고등학교에 해당하는 '테흐니쿰 тéхникум 쩨흐니꿈'에 가기도 한다.

초, 중, 고등학교 수업 시간은 45분이며, 쉬는 시간은 10분이다. 학생들은 중간에 20분간 1번 쉬는 시간에 간식 등을 먹는다. 하루에 보통 5-6시간 수업을 하고, 토요일에는 우리처럼 수업을 하지 않는다. 성적은 한국의 수, 우, 미, 양, 가, 또는 A, B, C, D, F에 해당하는 5점(пятёрка 삐쬬르까), 4점(четвёртка 치뜨뵤르뜨까), 3점(трóйка 뜨로이까), 2점(двóйка 드보이까), 1점(едини́ца 이지니짜)로 나누어 등급을 매기는데, 1점은 형식 상 존재한다.

러시아에서는 9월에 1학기가 시작되는데, '지식의 날'('День знáний 젠 즈나니이')라 불리는 이 날 오전에 입학식이 열린다.

소련 시기에는 종합대학(университéт 우니비르씨쩻, university)은 5년제로 운영되었으나, 1993년 이후부터는 일부 대학들이 학사 과정 4년, 석사 과정 2년제로 전환하고 있다. 대학에 입학하기 위해서는 우선 고등학교 졸업 시험에 합격한 후, 대학 입학시험에 합격해야 한다. 최근에는 한국의 수능에 해당하는 '국가통합시험'을 실시하는 대학들이 크게 늘어나고 있다.

안녕하세요!

Здрáвствуйте!

• 싸샤(사샤)란 남성과 안나란 여성 간 첫 만남 인사와 통성명

- Здрáвствуй! Меня́ зову́т Сáша.

  안녕하세요! 제 이름은 싸샤입니다.

- А как вас зову́т?

  그런데 성함이 어떻게 되시죠?(당신의 성함은 무엇입니까?)

- Меня́ зову́т Анна. Я рáда познакóмиться. [빠즈나꼬미쨔]

  (ться는 [쨔]로 발음함. 자음군 тьс, тс, дт, тц는 [ц], 즉, [찌]로 발음함!!!)

  제 이름은 안나예요. 만나 뵙게 돼 반갑습니다. (통성명을 하게 돼 반갑습니다.)

- Мне тóже óчень прия́тно.

  저도 만나 뵙게 돼 반갑습니다.

- **안똔(안톤)이란 남성과 싸샤(사샤)란 남성 간 첫 만남 인사와 통성명**

- Здра́вствуйте!

  안녕하세요!

- Здра́вствуйте!

  안녕하세요!

- Как вас зову́т?

  성함이 어떻게 되시죠?

- Меня́ зову́т Са́ша. А вас?

  제 이름은 싸샤입니다. 그런데, 당신은요?

- Меня́ зову́т Анто́н.

  제 이름은 안똔입니다.

- Я рад познако́миться.

  만나 뵙게 돼 반갑습니다.

- <u>И я то́же</u> рад познако́миться. (여기서 и는 '그리고'란 뜻이 아니라 '~도'란 뜻으로 '강
  조' 표시로 사용됨.)

  <u>저도 역시</u> 만나 뵙게 돼 반갑습니다.

- **안나란 여성과 베라(베라)란 여성의 첫 만남 인사와 통성명**

- Здрáвствуй<u>те</u>!
  안녕하세요!

- Здрáвствуй<u>те</u>!
  안녕하세요!

- Как вас зову́т?
  성함이 어떻게 되시죠?

- Меня́ зову́т Вéра. А вас?
  제 이름은 베라에요. 그런데, 당신은요?

- Меня́ зову́т Анна.
  제 이름은 안나에요.

- Я рáда познакóмиться.
  만나 뵙게 돼 반가워요.

- И я тóже рáда познакóмиться.
  저도 만나 뵙게 돼 반가워요.

● **안나와 베라란 소녀가 처음 만나 통성명하고 헤어질 때 인사**

– Здра́вствуй!

안녕!

– Здра́вствуй!

안녕!

– Как тебя́ зову́т?

네 이름이 뭐니?

– Меня́ зову́т Ве́ра. А тебя́?

내 이름은 베라야. 그런데, 넌?

– Меня́ зову́т Анна.

내 이름은 안나야.

– Я ра́да познако́миться.

만나서 반가워.

– И я то́же ра́да познако́миться.

나도 만나서 반가워.

– До свида́ния!

잘가!

– До свида́ния!

잘 있어!(잘가!)

- **씨르게이(세르게이)란 소년과 쏘냐(소녀)란 소녀 간 아침 인사와 통성명**

- Дóброе ýтро!

    안녕!(아침 인사) (o로 끝나는 ýтро는 중성 명사 단수 주격 형태임. 형용사 중성 단수 주격
    어미 oe와 일치!)

- Дóброе ýтро!

    안녕!(좋은 아침이야!)

- Тебя́ зову́т Со́ня?

    네 이름이 쏘냐니?

- Да, меня́ зову́т Со́ня.

    응, 내 이름이 쏘냐야.

- Меня́ зову́т Серге́й. Я рад познако́миться.

    내 이름은 씨르게이야. 만나서 반가워.

- И я то́же ра́да познако́миться.

    나도 만나서 반가워.

- 안드레이 이바노비치(안드레이 이바노비치)와 니나 삐뜨로브나(니나 페트로브나) 간 낮 인사와 통성명

- Дóбрый день!(ь로 끝나는 день은 <u>남성 명사 단수 주격</u> 형태임.

　　　　그런데 ь로 끝나는 нóчь는 <u>여성 명사 단수 주격</u> 형태임. 이처럼 ь로 끝나는 명사는 남성 명사이거나 여성 명사임.)
  안녕하세요!(낮 인사!)

- Дóбрый день!
  안녕하세요!(낮 인사!)

- Вы Сергéй Алексáндрович?
  씨르계이 알릭싼드라비치(세르게이 알렉산드로비치)이세요?

- Нет, я <u>не</u> Сергéй Алексáндрович. Я Андрéй Иванóвич.
  아니오, 저는 씨르계이 알릭싼드라비치가 <u>아닙니다</u>. 저는 안드레이 이바노나비치 (안드레이 이바노비치)입니다.

- Я Нúна Петрóвна. Я рáда познакóмиться.
  저는 니나 삐뜨로브나(니나 페트로브나)에요. 만나 뵙게 돼 반가워요.

- Óчень прия́тно.
  (만나 뵙게 돼) 아주 반갑습니다.

- **안드레이(안드레이)란 소년과 니나란 소녀 간 <u>저녁</u> 인사와 통성명**

- Д<u>о́бр</u>ый ве́чер!

  안녕!(저녁 인사) ('좋은 저녁이야!'란 뜻으로, 영어의 'Good evening!'에 해당함. <u>자음</u>으로
  끝나는 ве́чер는 <u>남성 명사 단수 주격</u> 형태임. <u>형용사 남성 단수 주격 어미</u>
  <u>ый</u>와 일치!)

- Д<u>о́бр</u>ый ве́чер!

  안녕!

- Тебя́ зов<u>у́т</u> Ни́на? (복수 주어 생략! 사람들이 니나라고 부르니?)

  네 이름이 니나니?

- Да, меня́ зов<u>у́т</u> Ни́на. (그래, 사람들이 나를 니나라고 불러.)

  응, 내 이름이 니나야.

- Меня́ зов<u>у́т</u> Андре́й. Я рад познако́миться.

  내 이름은 안드레이야. 만나서 반가워.

- И я то́же ра́<u>да</u> познако́миться.

  나도 만나서 반가워.

- 이반이란 소년과 니나란 소녀 간 밤 인사와 통성명

- Дóбрая нóчь! (ь으로 끝나는 нóчь는 <u>여성 명사 단수 주격</u> 형태임. <u>형용사 여성 단수 주격</u>
  <u>어미 ая와 일치</u>!)

  안녕!(밤 인사)

- Дóбрая нóчь! (ь로 끝나는 нóчь는 <u>여성 명사 단수 주격</u> 형태임. 그런데 ь로 끝나는 деньь은
  <u>남성 명사 단수 주격</u> 형태임.)

  안녕!

- Тебя́ зову́т Ни́на?

  네 이름이 니나니?

- Да, меня́ зову́т Ни́на.

  응(그래), 내 이름이 니나야.

- Меня́ зову́т Ива́н. Я <u>рад</u> познакóмиться. ('어말 무성음화' 법칙 때문에 [라트]로
  발음함.)

  내 이름은 이반이야. 만나서 반가워.

- И я тóже <u>ра́да</u> познакóмиться. (주어(화자)가 여성인 경우, -а가 붙어 [라다]로 발음함.)

  나도 만나서 반가워.

• **이반이란 소년과 니나란 소녀가 만나서 통성명한 후 헤어질 때 인사**

- Привéт!

  안녕!

- Привéт!

  안녕!

- Тебя́ зову́т Ни́на?

  네 이름이 니나니?

- Да, меня́ зову́т Ни́на.

  응, 내 이름이 니나야.

- Меня́ зову́т Ива́н. Я рад познако́миться. (주어-화자 я가 남성)

  내 이름은 이반이야. 만나서 반가워.

- И я то́же ра́да познако́миться. (주어-화자 я가 여성)

  나도 만나서 반가워.

- Пока́!

  잘 있어!(안녕!)

- Пока́!

  잘 가!(안녕!)

• 자녀와 부모 간 취침 전 인사

- Споко́йной но́чи!

  안녕히 주무세요!

- Споко́йной но́чи!

  잘 자!

※ Споко́йн<u>ой</u> но́ч<u>и</u>는 주격 형태인 Споко́йн<u>ая</u> но́ч<u>ь</u>의 <u>생격(소유격)</u> 형태다. 원래는
Я жела́ю споко́йн<u>ой</u> но́ч<u>и</u>!인데, 편의 상 Я жела́ю가 생략된 것이다. 즉, '―을 하길
바라다'란 뜻을 지닌 동사 'жела́ть' 자체가 형용사와 명사 등의 <u>생격을 지배</u>하는 특성
을 지니고 있기 때문에 그렇게 된 것이다. 이처럼 러시아어 동사 중 일부는 동사에
따라 다양한 격을 지배하는 특성이 있다.

러시아 문화 Pу́сская культу́ра

◎ 러시아인들의 인사와 호칭

러시아에서는 사람을 만나 인사할 때, "Здра́вствуйте! 즈드라쓰부이쩨!"(안녕하세요!)나, 또는 "Здра́вствуй 즈드라쓰부이"(안녕!)는 말을 주로 사용한다. Здра́вствуйте는 손윗사람에게, 2인 이상에게, 처음 만난 사람 등에게 사용하며, Здра́вствуй는 손아랫사람에게, 친구나 가족 등에게 사용한다. 그런데 친한 사람들이나 같은 학교 친구들 등에게는 "Приве́т! 쁘리벳!"이란 인사말을 자주 사용한다. 헤어질 때 인사말은 주로 "До свида́ния! 다스비다니야!"를 주로 사용하는 대신에 친한 사람들이나 같은 학교 친구들 등에게는 "Пока́! 빠까!"란 인사말을 자주 사용한다.

그리고 상대방을 부를 때, '당신'에 해당하는 'вы 브이'와 '너'에 해당하는 'ты 뜨이'라는 말이 있다. 'вы 브이'라는 말은 아이가 어른에게, 두 사람 이상에게, 처음 만났거나, 또는 잘 알지 못하는 사람에게, 그리고 사귄지 오래 되지 않아서 아직 아주 친해지지 않은 사람 등에게 사용한다. 참고로, '어떤 사람을 '당신'이라고 부르다'는 단어가 'вы́кать 브이까찌'다. 보통 어른이 아이에게, 또는 친구끼리 'ты 뜨이'라는 말을 사용한다. 하지만 초면에는 'вы 브이'라는 말을 사용하다가 친해지게 되면, 'ты 뜨이'라는 말을 사용한다. 그리고 가족끼리나 아주 친한 사람 등에게는 'ты 뜨이'라는 말을 사용한다. 예를 들어, 부모님이나 조부모님에게, 심지어 신(神)에게도 'ты 뜨이'라는 말을 사용한다. '어떤 사람을 '너'라고 부르다'는 단어가 'ты́кать 뜨이까찌'다.

제 5 과(Уро́к 5)
이 사람은 누구죠?
Кто э́то?

• **한 소녀가 가족사진을 보며 '이 사람은 누구니?'란 친구의 질문에 답하는 장면**

- Кто э́то?

  이 사람은 누구니?

- Э́то я.

  그건 나야.

- Кто э́то?

  이 사람이 누구야?

- Э́то де́душка.

  그건 할아버지야.

– Кто э́то?

이 사람은 누구야?

– Это ба́бушка.

그건 할머니야.

– Кто э́то?

이 사람이 누구니?

– Это па́па.

이건 아빠야.

– Кто э́то?

이 사람은 누구니?

– Это ма́ма.

이건 엄마야.

– Кто э́то?

이 사람은 누군데?

– Это сестра́.

이건 언니야.

– Кто э́то?

이 사람은 누구니?

– Это брат.

이건 오빠야.

• 가족사진을 보며 한 여성이 친구의 질문에 답하는 장면

– Кто э́то?

이 사람이 누구야?

– Это я.

이건 나야.

– Кто э́то?

이 사람은 누구야?

– Это муж.

이건 남편이지.

– Кто э́то?

사람이 누군데?

– Это сын.

이건 아들이야.

– Кто э́то?

이 사람이 누구야?

– Это дочь.

이건 딸이야.

– Кто э́то?

얘는 누구야?

– Это внук.

얘는 손자야.

- Кто э́то?

  얘는 누구야?

- Это вну́чка.

  얘는 손녀야.

- Кто э́то?

  이 사람이 누군데?

- Это дя́дя.

  이분은 삼촌(숙부, 백부, 고모부, 이모부, 외삼촌, 아저씨 등)이야.

- Кто э́то?

  이 사람이 누구야?

- Это тётя(тётка).

  이분은 숙모(백모, 이모, 고모, 외숙모, 아주머니 등)야.

• 친구의 질문에 대한 소년의 대답

– У тебя́ есть де́душка? (현재 시제에서 '있다', '존재하다'라는 뜻을 가진 есть 동사가 생략되
지만, 강조 시 사용됨)

너에게 할아버지가 <u>계시니</u>?

– Да, у меня́ есть де́душка.

응, 나에게 할아버지가 <u>계셔</u>.

– У тебя́ есть ба́бушка?

너, 할머니 <u>계시니</u>?(있냐?)

– <u>Нет</u>, у меня́ <u>нет</u> ба́бушки. (문장의 맨 앞의 단어 Нет는 질문의 내용에 부정적으로 사용
시 '아니오'란 뜻이지만, 중간에 사용된 단어 Нет는 '없다'란
뜻이며, 그 다음에 오는 단어를 <u>생격 지배</u>함. 즉, 여성명사
단수 <u>주격</u> 형태인 ба́бушка를 생격 지배하므로 ба́бушки처럼
어미의 형태가 생격으로 바뀐 것임. 이를 '부정 생격'이라 함.)

<u>아니야</u>, 나에겐 할머니 <u>안 계셔</u>.(없어.)

– У тебя́ есть оте́ц?

너, 아버지 <u>계시니</u>?

– Да, у меня́ есть оте́ц.

응, 나에게 아버지가 <u>계셔</u>.

– У тебя́ есть мать?

너, 어머니 <u>계시니</u>?

– Да, у меня́ есть мать.

응, 나, 어머니가 <u>계셔</u>.

– У тебя́ есть брат?

너, 형 있니?

– Да, у меня́ есть брат.

응, 나 형 있어.

– У него́ есть жена́? [우니보 예스찌 줴나] (3인칭 대명사 단수 주격 он의 소유격인 его́에 н이 첨가된 것임. 이처럼 이 단어 앞에 전치사가 올 경우, 단수나 복수 모두 н이 첨가됨.)

그에게 아내가 있니?

– Нет, у него́ нет жёны. (중간에 нет 때문에 여성명사 단수 주격 어미 형태인 жена́[줴나]가 '부정 생격' 어미 형태인 жёны[죠느이]로 바뀌었으며, 강세의 위치도 바뀌었음. 참고로 ё가 있는 단어는 다른 모음에 강세가 올 수 없음!)

아니야, 그에겐 아내가 없어.

– У тебя́ есть сестра́?

너, 형 누나 있니?

– Да, у меня́ есть сестра́.

응, 나, 누나 있어.

● 친구의 질문에 대한 소녀의 대답

– У тебя́ есть де́душка?

　너에게 할아버지가 계셔?(있어?)

– Нет, у меня́ нет де́душки.

　아니, 나에게 할아버지가 안 계셔.(없어)

– У тебя́ есть ба́бушка?

　너, 할머니 계시니?(있냐?)

– Нет, у меня́ нет ба́бушки

　아니야, 나 할머니 안 계셔.(없어)

– У тебя́ есть оте́ц? [아쪠엣]

　너, 아버지 계시니?

– Нет, у меня́ нет отца́. [앗짜] (남성 명사 단수 주격 어미형태인 단어 оте́ц이 '부정 생격' 어미 형태인 단어 отца́로 바뀐 것임.)

　아니, 나에겐 아버지가 안 계셔.

– У тебя́ есть мать? [마찌]

　너, 어머니 계시니?

– Нет, у меня́ нет ма́тери. [마찌리] (여성 명사 단수 주격 어미 형태의 단어 мать가 '부정 생격' 어미의 특수 형태의 단어 ма́тери로 바뀐 것임.)

　아니, 나한테 어머니가 안 계셔.

– У тебя́ <u>есть</u> брат?

너, 오빠 있니?

– Да, у меня́ <u>есть</u> брат.

응, 나, 오빠 <u>있어</u>.

– У него́ <u>есть</u> жена́? [우니보 <u>예스찌 줴나</u>]

그에게 아내가 <u>있니</u>?

– <u>Нет</u>, у него́ <u>нет</u> жёны. [넷, 우니보 넷 <u>죠느이</u>]

<u>아니야</u>, 그에겐 아내가 <u>없어</u>.

– У тебя́ <u>есть</u> сестра́?

너, 언니 <u>있니</u>?

– Да, у меня́ <u>есть</u> сестра́.

응, 나, 언니 <u>있어</u>.

– У <u>неё есть</u> муж? [우니요 <u>예스찌 무쉬</u>] (여성 명사 단수 주격 어미 형태의 단어 она́의
생격 형태인 её에 н이 첨가된 것임. 앞에서 이미 설명한 것처럼 이 단어
앞에 전치사가 올 경우 이처럼 н을 첨가함)

그녀에게 남편이 <u>있니</u>?

– <u>Нет</u>, у <u>неё нет</u> му́жа. [넷, 우니요 넷 무좌] (남성 명사 단수 주격 어미 형태의 단어
муж가 '부정 생격' 어미 형태의 단어 му́жа로 바뀐 것임)

<u>아니야</u>, 그녀에겐 남편이 <u>없어</u>.

● 사람들에 대한 질문과 대답

- Кто э́то?

  이 사람들은 누구죠?

- Э́то ма́льчики и де́вочки. [에따 말취끼 이줴바츠끼]

  소년들과 소녀들입니다.

- Кто э́то?

  이 사람들은 누구죠?

- Э́то роди́тели и де́ти. [에따 라지찔리 이제찌]

  부모와 자식들(아이들)입니다.

- Кто э́то?

  이 사람들은 누구죠?

- Э́то шкко́льники и студе́нты. (①шкко́льники처럼 단어의 끝이 기음 г, к, х와 쉬음 ж, ч, ш, щ로 끝날 경우 복수 접미사 и를 붙여 남성 명사 복수 주격이 되고, ②студе́нты처럼 단어의 끝이 앞에 언급한 7개 이외의 자음으로 끝날 경우 ы를 붙여 남성 명사 복수 주격이 됨.)

  이 사람들은 (초·중·고)학생들과 대학생들입니다.

● **동물에 대한 질문과 대답**

- Кто э́то?

  이것은 무엇이죠?

- Э́то соба́ка и ко́шка. [에따 싸바까 이꼬쉬까]

  개와 고양이입니다.

- Кто э́то?

  이것은 무엇이죠?

- Э́то медве́дь и ти́гр. [에따 미드볘찌 이찌그르]

  곰과 호랑이입니다

- Кто э́то?

  이것은 무엇이죠?

- Э́то лев и лиса́. [에따 레프 이리싸]

  사자와 여우입니다.

- Кто э́то?

  이것은 무엇이죠?

- Э́то ле́бедь и во́лк. [에따 례비찌 이볼끄]

  백조와 늑대입니다

• 3인칭 대명사를 사용한 직업에 대한 질문과 대답

– Кто э́то?

이 사람은 누구죠?

– Это оте́ц.

아버지입니다.

– Кто он?

그는 직업이 무엇이죠? (그는 누구죠? : 직역)

– Он учи́тель. [온 우취찔리]

그는 교사(선생님)입니다.

– Кто э́то?

이 사람은 누구죠?

– Это сестра́. [에따 씨스뜨라]

누나입니다.

– Кто она́?

그녀는 직업이 무엇이죠? (그녀는 누구죠? : 직역)

– Она́ учи́тельница. [아나 우취찔리니짜] (여교사 учи́тельница는 남자 교사 учи́тель에 ница를 덧붙인 것임)

그녀는 교사(선생님)입니다.

- **부정 조사 не를 사용해 '이 사람은 -이 아니다'는 표현과 화자와의 관계에 따라 단어가 다양하게 해석되는 질문과 대답**

  – Кто э́то?

    이 사람은 누구죠?

  – Это сестра́?

    (이 사람은) 여동생인가요?

  – <u>Нет</u>, э́то <u>не</u> сестра́. Это подру́га.(не란 단어는 다음에 오는 단어를 부정하는 '부정조사'임)

    <u>아니오</u>, 이 사람은 여동생이 <u>아닙니다</u>. 여자 친구입니다.(화자의 여자 친구인 경우)

  – Кто э́то?

    이 사람은 누구죠?

  – Это подру́га?

    이 사람은 여자 친구인가요?

  – <u>Нет</u>, э́то <u>не</u> подру́га. Это сестра́.

    <u>아니오</u>, 이 사람은 여자 친구가 <u>아닙니다</u>. 여동생입니다.(화자의 여동생인 경우)

  – Кто э́то?

    이분은 누구시죠?

  – Это сестра́?

    (이분은) 동생인가요?

  – <u>Нет</u>, э́то <u>не</u> сестра́. Это подру́га.

    <u>아니오</u>, 이 사람은 동생이 <u>아니에요</u>. 친구에요.(여성 화자의 친구인 경우)

- Кто э́то?

  이분은 누구시죠?

- Это подру́га?

  이 분은 친구이신가요?

- <u>Нет</u>, э́то <u>не</u> подру́га. Это сестра́.

  <u>아니오</u>, 이 사람은 친구가 <u>아니에요</u>. 언니(동생)에요.(여성 화자의 언니나 동생인 경우)

- Кто э́то?

  이분은 누구시죠?

- Это брат?

  (이분이) 형이신가요?

- <u>Нет</u>, э́то <u>не</u> брат. Это дя́дя.

  <u>아니오</u>, 이 분은 형이 <u>아닙니다</u>. 삼촌입니다.(화자의 삼촌(숙부)인 경우)

- Кто э́то?

  이분은 누구시죠?

- Это брат?

  (이분은) 오빠이신가요?

- <u>Нет</u>, э́то <u>не</u> брат. Это дя́дя.

  <u>아니오</u>, 이 분은 오빠가 <u>아닙니다</u>. 삼촌입니다.(여성 화자의 삼촌(숙부)인 경우)

- Кто э́то?

  이분은 누구시죠?

- Это брат?

  (이분은) 동생인가요?

– <u>Нет</u>, э́то <u>не</u> брат. Это дя́дя.

아니오, 이 분은 동생이 <u>아닙니다</u>. 삼촌입니다.(여성 화자의 삼촌(숙부)인 경우)

– Кто э́то?

이분은 누구시죠?

– Это муж?

(이분은) 남편이신가요?

– <u>Нет</u>, э́то <u>не</u> муж. Это дя́дя.

<u>아니오</u>, 이분은 남편이 <u>아니에요</u>. 삼촌이에요.

– Кто э́то?

이 사람은 누구죠?

– Это муж?

(이 사람은) 삼촌(숙부)이신가요?

– <u>Нет</u>, э́то <u>не</u> муж. Это дя́дя.

<u>아니오</u>, 이 사람은 삼촌(숙부)이 <u>아니에요</u>. 남편이에요.(여성 화자의 남편인 경우)

– Кто э́то?

이 분은 누구시죠?

– Это брат?

(이분은) 동생인가요?

– <u>Нет</u>, э́то <u>не</u> брат. Это сын.

<u>아니오</u>, 애는 동생이 <u>아닙니다</u>. 아들입니다.(화자의 아들인 경우)

– Кто э́то?

이분은 누구시죠?

– Это сестра́?

(이분은) 동생인가요?

– <u>Нет</u>, э́то <u>не</u> сестра́. Это дочь.

<u>아니오</u>, 이 사람은 동생이 <u>아니에요</u>. 딸이에요.

– Кто э́то?

이분은 누구시죠?

– Это тётя?

(이분이) 이모님이신가요?

– <u>Нет</u>, э́то <u>не</u> тётя. Это мать.

<u>아니오</u>, 이분은 이모가 <u>아니에요</u>. 이분은 어머니세요.

● 부정 조사 не를 사용해 '이 사람은 −이 아니다'는 표현과 3인칭 대명사를 사
  용한 직업에 대한 질문과 대답

– Кто э́то?

  이분은 누구시죠?

– Это оте́ц.

  이분은 아버지입니다.

– Он учи́тель?

  그는 교사(선생님)이신가요?

– Нет, он не учи́тель. Он инжене́р.

  아니오, 그는 교사가 아닙니다. 그는 엔지니어입니다.

– Кто э́то?

  이분은 누구시죠?

– Это мать.

  어머니입니다.

– Кто она́? Она́ учи́тельница?

  그녀의 직업은 무엇이죠? 그녀는 교사(선생님)이신가요?

– Нет, она́ не учи́тельница. Она́ врач. (врач는 남성과 여성 모두에게 사용됨)

  아니오, 그녀는 교사가 아닙니다. 그녀는 의사입니다.

러시아 문화 Рýсская культýра

◎ 러시아인들의 주거 및 여가 문화

러시아의 모스크바와 같은 대도시에서 아파트(кварти́ра 끄바르찌라)를 구입하는 것은 쉽지 않은 일이다. 소련 시절에는 정부가 국가 소유의 아파트를 국가를 위해 공헌한 자들에게 무상 제공하였으며, 관리비도 거의 받지 않았다. 그런데 그러한 혜택을 받으려면, 관련 공무원들과 특별한 연줄이 필요했다. 만약 그러한 연줄이 없는 사람은 신청 후 심지어 10년 이상을 기다리기도 했다. 당시 주택 공급 부족으로 인해 주택난이 심했기 때문에 여러 사람이 공동으로 취사하는 부엌을 가진 형태의 아파트가 많았다. 현재도 대도시에서는 심각한 주택난 때문에 신혼부부가 아파트를 장만하는 데 시간이 너무 오래 걸려서 신부나 신랑의 부모 집에서 사는 경우가 많다고 한다.

1985년에 서기장이 된 고르바초프가 페로스트로이카 정책을 시행하여 사회주의 제도 대신 자본주의 제도를 도입하였는데, 1992년부터는 시장경제 원칙에 따라 아파트 등 주택을 매매할 수 있게 되었다. 따라서 낡고 불편했던 주거 환경에서 살았던 도시민들이 쾌적하고 편리한 아파트 구입에 관심을 갖게 되었다. 최근에는 삶의 질을 중요시하는 러시아인들이 점점 증가함에 따라 이처럼 쾌적하고 편리한 고급 아파트에 대한 수요 역시 커지게 되었다. 그래서 이러한 고급 아파트를 구입할 능력을 지닌 중산층 시민들은 소련 시절에 건설된 낡고 불편한 주택이나 아파트를 구입한 뒤 인테리어 장식을 새롭게 바꾸거나 내부를 개조하고 있다. 이러한 주택 및 아파트의

리모델링 붐과 연관된 잡지들이 인기를 끌고 있다고 한다.

이와 달리 농촌 지역 주민들은 통나무로 지은 주택인 이즈바(*изба́*)에서 주로 거주하고 있다. 목조 주택인 이즈바는 이와 연관된 마귀할멈인 '바바 야가 *ба́ба-яга́* 바바 이가'와 함께 러시아 우화나 민화 및 문학 작품 등에 자주 등장한다.

또한 러시아인들은 '*да́ча* 다차'라고 불리는 전통 별장을 교외나 시골에 소유하고 있다. 그들은 여기서 주말이나 휴가 기간을 이용해 가족이나 친구들과 함께 시간을 보내기도 하고, 어떤 사람들은 다차에 딸려 있는 텃밭에서 채소나 과일, 꽃 등을 재배하기도 한다.

이것은 무엇이죠?

Что э́то?

● **단수 형태의 사물의 명칭을 묻고 답하기**

- Что э́то?

  이것은 무엇이죠?

- Это уче́бник.

  이것은 교과서입니다.

- Что э́то?

  이것은 무엇이죠?

- Это ру́чка.

  이것은 볼펜(손잡이, 자루, 핸들)입니다.

– Что э́то?

이것은 무엇이죠?

– Это перо́.

이것은 펜(깃털)입니다.

– Что э́то?

이것은 무엇이죠?

– Это ве́чн<u>ое</u> пер<u>о́</u>. [베취나에 삐로] (형용사 단수 중성 어미와 중성명사 단수 어미의 일치!)

이것은 만년필입니다.

– Что э́то?

이것은 무엇이죠?

– Это каранда́ш.

이것은 연필입니다.

– Что э́то?

이것은 무엇이죠?

– Это тетра́дь. [에따 찌뜨라찌]

이것은 공책입니다.

– Что э́то?

이것은 무엇이죠?

– Это кни́га.

이것은 책입니다.

– Что э́то?

이것은 무엇이죠?

– Это слова́рь.

이것은 사전입니다.

– Что э́то?

이것은 무엇이죠?

– Это газе́та.

이것은 신문입니다.

– Что э́то?

이것은 무엇이죠?

– Это журна́л.

이것은 잡지입니다.

– Что э́то?

이것은 무엇이죠?

– Это дом.

이것은 집입니다.

– Что э́то?

이것은 무엇이죠?

– Это маши́на. [에따 마쉬나]

이것은 자동차입니다.

– Что э́то?

이것은 무엇이죠?

– Это шко́ла.

이것은 학교입니다.

– Что э́то?

이것은 무엇이죠?

– Это университе́т. [에따 우니비르씨쩻]

이것은 대학교입니다.

– Что э́то?

이것은 무엇이죠?

– Это вода́ [에따 바다]

이것은 물입니다.

– Что э́то?

이것은 무엇이죠?

– Это чай и ко́фе.

이것은 차와 커피입니다.

– Что э́то?

이것은 무엇이죠?

– Это стол и стул.

이것은 책상(탁자, 식탁, 식사, 요리)과 걸상(의자)입니다.

– Что э́то?

이것은 무엇이죠?

– Это я́блоко и гру́ша. [에따 야블라까 이그루쌰]

이것은 사과와 배입니다.

– Что э́то?

이것은 무엇이죠?

– Это сок и пи́во. [에따 쏙 이삐바]

이것은 음료수와 맥주입니다.

– Что э́то?

이것은 무엇이죠?

– Это хлеб и ко́фе.

이것은 빵과 커피입니다.

– Что э́то?

이것은 무엇이죠?

– Это хле̲б и мо̲ло̲ко́. [에따 흘례쁘(흘렙) 이멀라꼬(말라꼬)]

이것은 빵과 우유입니다.

– Что э́то?

이것은 무엇이죠?

– Это бана́н и апельси́н. [에따 바난 이아뻴리씬]

이것은 바나나와 오렌지입니다.

– Что э́то?

이것은 무엇이죠?

– Это вино́ и во́дка. [에따 비노 이보트까]

이것은 포도주와 보드카입니다.

– Что э́то?

이것은 무엇이죠?

– Это мя́со и ры́ба. [에따 먀싸 이르이바]

이것은 고기와 생선입니다.

• 복수 형태의 사물의 명칭을 묻고 답하기

– Что э́то?

  이것은 무엇이죠?

– Это уче́бники.

  이것은 교과서들입니다.

– Что э́то?

  이것은 무엇이죠?

– Это ру́чки.

  이것은 볼펜(손잡이, 자루, 핸들)들입니다.

– Что э́то?

  이것은 무엇이죠?

– Это пе́рья. [뻬에리야] (перо́[뻬로]. 펜(깃털)이란 듯의 중성 명사 단수 주격의 특수 복수
                  형태임. ья는 중성 명사 단수 주격 어미 о의 특수 복수 어미 형태
                  이며, 강세 위치가 앞으로 이동)

  이것은 펜들(깃털들)입니다.

– Что э́то?

  이것은 무엇이죠?

– Это ве́чные пе́рья. (형용사 복수 어미와 중성명사 복수 어미가 일치! 강세 위치가 앞으로
                  이동)

  이것은 만년필들입니다.

– Что э́то?

이것은 무엇이죠?

– Э́то карандаши́. (강세 위치가 뒤로 이동)

이것은 연필들입니다.

– Что э́то?

이것은 무엇이죠?

– Э́то тетра́ди. [찌뜨라지]

이것은 공책들입니다.

– Что э́то?

이것은 무엇이죠?

– Э́то кни́ги. [크니기]

이것은 책들입니다.

– Что э́то?

이것은 무엇이죠?

– Э́то слова́ри.

이것은 사전들입니다.

– Что э́то?

이것은 무엇이죠?

– Э́то газе́ты.

이것은 신문들입니다.

‒ Что э́то?

이것은 무엇이죠?

‒ Это журна́лы.

이것은 잡지들입니다.

‒ Что э́то?

이것은 무엇이죠?

‒ Это дома́. (특수 복수 어미)

이것은 집들입니다.

‒ Что э́то?

이것은 무엇이죠?

‒ Это маши́ны.

이것은 자동차들입니다.

‒ Что э́то?

이것은 무엇이죠?

‒ Это шко́лы.

이것은 학교들입니다.

‒ Что э́то?

이것은 무엇이죠?

‒ Это университе́ты.

이것은 대학교들입니다.

– Что э́то?

이것은 무엇이죠?

– Это во́ды. [보드이] (강세 위치가 앞으로 이동)

이것은 물들입니다.

– Что э́то?

이것은 무엇이죠?

– Это чай и ко́фе. (чай[치이]의 경우 강세가 뒤로 이동, ко́фе는 외래어이므로 불변!
따라서 복수 어미 없음!)

이것은 차들과 커피들입니다.

– Что э́то?

이것은 무엇이죠?

– Это столы́ и сту́лья. [쓰딸르이 이쓰뚤리야] (сту́лья 특수 복수 어미!)

이것은 책상들과 걸상들입니다.

– Что э́то?

이것은 무엇이죠?

– Это я́блоки и гру́ши. [에따 야블라끼 이그루쉬]

이것은 사과들과 배들입니다.

– Что э́то?

이것은 무엇이죠?

– Это со́ки.

이것은 음료수들입니다.

– Что э́то?

이것은 무엇이죠?

– Э́то хле́бы.

이것은 빵들입니다.

– Что э́то?

이것은 무엇이죠?

– Э́то бана́ны и апельси́ны.

이것은 바나나들과 오렌지들입니다.

– Что э́то?

이것은 무엇이죠?

– Э́то ви́на и во́дки. (ви́на의 경우 특수 복수 어미 a! 강세 위치 앞으로 이동)

이것은 포도주들과 보드카들입니다.

– Что э́то?

이것은 무엇이죠?

– Э́то ры́бы.

이것은 생선들입니다.

러시아 문화 Рýсская культýра

◎ 러시아의 주요 기념일과 축제

러시아의 신년(Нóвый год 노브이 고트)은 우리의 신정처럼 양력 1월 1일이다. 러시아인들은 신년을 맞이하기 전날 새해맞이 파티 행사를 준비한 다음 가족이나 친자들과 함께 음식을 먹으면서 자정을 기다리다가 새해가 시작되는 순간 일제히 샴페인을 터뜨리며 새해를 기쁨으로 맞이한다. 이때 서로에게 "새해를 축하합니다!"(С Нóвым гóдом! 스노브임 고담!)이라고 말하면서 인사를 나눈다. 러시아 어린이들은 새해 아침에 산타할아버지와 유사한 '겨울할아버지'(Дед Морóз 젯 마로쓰)와 그의 도우미 역할을 하는 '눈꽃소녀'(Снегýрочка 스니구라츠까)를 기다린다. 참고로 1월 1일 새해부터 러시아 크리스마스까지 최소 1주일 또는 최대 10일 간의 긴 신년 연휴기간이어서 많은 회사들과 관공서들이 쉰다. 만약 러시아로 출장을 갈 경우 이를 염두에 두고 계획을 짤 필요가 있다.

러시아의 크리스마스는 12월 25일이 아니라 1월 7일이다. 이처럼 성탄절이 다른 이유는 달력과 연관이 있다. 지금은 러시아정교회가 러시아의 국교가 아니지만, 크리스마스를 1월 7일로 정할 당시 러시아 국교였던 러시아정교회가 율리우스력을 사용하고 있었는데, 우리가 사용하는 그레고리우스력과 13일이 차이가 났기 때문이다. 즉, 12월 25일에서 13일 후인 1월 7일이 러시아의 크리스마스 날이 된 것이다. 따라서 러시아의 음력설 역시 1월 13일인데, 이는 우리의 음력설인 구정에 해당한다. 러시아인들은 보통 새해 인사와 크리스마스 인사를 함께 하는데, 이런 이유 때문에 한 문장 안에서 새해 인사를 먼저 하고 크리스마스 인사를 다음과 같이 한다. "새해 복 많이 받으시고, 즐거운 크리스마스 되세요!"(С Но́вым го́дом и с Рождество́м! 스노브임 고담 이스라줴제쓰뜨봄!)

러시아의 전통적인 민간 축제 중 하나가 '마슬레니차 ма́сленица 마슬리니짜'라는 축제다. 2월 초순에서 중순 무렵에 향해지는 '마슬리니짜'는 겨울을 보내고 봄을 맞이하는 축제다. 러시아인들은 이 마슬레니차 기간에 술과 음식을 배불리 먹고 패싸움도 벌이고, 짚으로 만든 인형을 불태우는 등 다양한 행사에 참여한다. 특히 이때 먹는 전통 음식이 블린(блин)이다. 서양의 카니발 축제와 유사한 마슬리니짜(ма́сленица)는 '버터 주간'이라고 불리기도 한다. 이 버터 주간에 러시아인들은 이 팬케이크와 비슷한 블린에다 버터(ма́сло, '기름'이란 뜻도 있음)를 발라서 먹는다.

3월 8일은 '국제 여성의 날'인데, 러시아에서 '여성의 날 Же́нский день 줸쓰끼이 젠'은 러시아 여성들이 고대하는 기념일이다. 왜냐하면 그들이 남성들로부터 꽃이나 초콜릿, 축하 카드, 화장품 등의 선물을 받을 뿐만 아니라 가사로부터 해방돼 자유를 만끽할 수 있는 날이기 때문이다. 이 날은 남편이 아내에게 선물도 해 주고, 아내 대신 음식을 만들거나 설거지 등 가사를 특별히 도맡아 한다.

러시아정교회에서는 다양한 교회 축일 행사 중 부활절 행사를 크리스마스 행사보다 더 중요하게 여긴다고 한다. 그래서 러시아인들은 러시아어로 'Па́сха 빠스하'라는 '부활절'날에 사람들을 만나면, 다음과 같이 서로 인사를 나눈다. "그리스도께서 부활하셨습니다!"(Христо́с воскре́с! 흐리스또쓰 바쓰끄레쓰!)라고 인사를 하면, 상대방이 "진정으로 부활하셨습니다!"(Во́истину воскре́с! 바이스찌누 바쓰끄레쓰!)라고 화답해 인사를 한다. 그리고 예수 그리스도의 부활을 상징하는 색칠된 달걀인 피산키(пи́санки 뻬싼끼)를 선물로 받거나 선물한다.

러시아인들은 제2차 세계대전에서 연합군이 승리를 거두는 데 커다란 공헌을 했다는 것을 매우 자랑스럽게 여긴다. 5월 9일 '승전기념일'(День Побéды 젠 빠베드이) 은 러시아(당시 소련)가 독일과의 전쟁에서 승리를 거둔 것을 기념하고, 이 전쟁에 참가해서 희생된 사람들을 추모하는 날이다.

제 7 과(Урóк 7)

나이가 몇이시죠?

Скóлько вам лет?

◎ 인칭대명사 '여격'을 사용해 나이를 묻고 답하기

- 인칭대명사 '여격'

> 1인칭대명사 단수 주격 → 1인칭대명사 단수 <u>여격</u>
>
> я → мне [므녜]

> 2인칭대명사 단수 주격 → 2인칭대명사 단수 <u>여격</u>
>
> ты → тебé [찌볘]

> 3인칭대명사 단수 주격 → 3인칭대명사 단수 <u>여격</u>
>
> он(онó) → емý [이무]
>
> онá → ей [예이]

1인칭대명사 복수 주격 → 1인칭대명사 복수 여격

мы → нам [남]

2인칭대명사 복수 주격 → 2인칭대명사 복수 여격

вы → вам [밤]

3인칭대명사 복수 주격 → 3인칭대명사 복수 여격

они́ → им [임]

• '나이' 표현에서 '수'에 따른 '인칭대명사의 격' 변화

'год'는 '년', '해', '살'을 뜻하는 남성 명사다. 이 명사의 어미는 수사에 따라 3가지 중 하나로 변한다. 즉, 1은 '단수 주격'이고, 2부터 4까지(즉, 2, 3, 4)는 '단수 생격'이며, 5부터 19까지(즉, 5, 6, 7, 8, 9, 10, 11, 12, 13, 14, 15, 16, 17, 18, 19)는 '복수 생격' 어미 형태다. 그리고 20 이상의 수 중 1의 자리 숫자가 1로 끝나는 수(즉, 21, 31, 241, 124451 … 등) 중 1은 '단수 주격'이며, 2부터 4까지(즉, 22, 23, 24, 32, 33, 34, 32, 43, 104, 12302 ……)는 '단수 생격', 1의 자리 수가 0과 5부터 9까지(즉, 20, 25, 26, 27, 28, 29, 30, 35, 36, 37, 38, 39, 40, 45, 46, (중략) 90, 95, 96, 97, 98, 99, 100, 105, 106 ……)는 '복수 생격' 어미 형태다. 이 법칙에 따라, 예를 들어, Мне 21(два́дцать оди́н) год.란 문장에서 숫자 21(=20+1)과 연관된 'год'의 수와 격의 형태는 '단수 주격'이며, 'мне'는 1인칭대명사 단수 주격 я의 '여격' 형태다.

– Ско́лько вам лет?   나이가 몇이시죠?

> (Ско́лько란 단어는 '몇', '얼마'를 뜻하며, 대체로 복수 명사와 형용사 등의 어미를 '생격'(소유격) 형태로 취하게 한다. 예를 들어, 이 문장에서 'лет'는 '여름'이란 뜻의 중성 명사 л éто의 '복수 생격' 형태다. '년', '해', '살'을 뜻하는 남성 명사 год의 <u>복수 생격 어미 ов</u>가 붙은 год óв 대신 'лет'를 사용한다. 그리고 <u>вам</u>은 2인칭대명사 복수 주격 вы의 '여격' 형태다. Ско́лько <u>тебе́</u> лет? 너 나이가 몇 살이니?란 문장에서 <u>тебе́</u>는 <u>인칭대명사 남성 단수 주격 ты의 '여격'</u> 형태다. 이처럼 나이를 표현할 때 <u>반드시 '여격'을 사용해야</u> 한다.)

– Мне 21(<u>два́дцать</u> <u>оди́н</u>) <u>год</u>.   저 21살입니다.

> (<u>숫자가 21(=20+1)</u>과 연관된 'год'의 수와 격의 형태는 <u>'단수 주격'</u>이고, 'мне'는 1인칭대명사 단수 주격 я의 <u>여격</u> 형태다.)

– Ско́лько <u>ему́</u> лет? (<u>ему́</u>'는 3인칭대명사 남성 단수 주격 он의 '여격' 형태다.)
  그 분은 몇 살이죠?

– Ему́ 22(<u>дв á дцать</u> <u>два</u>) го́да.   22살입니다.

> (이 문장에서 го́да는 '살', '년', '해'를 뜻하는 명사의 '단수 생격' 형태다. 바로 위에서 설명한 것처럼 '나이'를 뜻하는 이 명사는 숫자에 따라 어미가 변한다. 이 문장에서 го́да는 <u>숫자가 22=20+2</u>이므로 수와 격의 형태는 '<u>단수 생격</u>'이다. 'ему́'는 3인칭대명사 남성 단수 주격 он의 '<u>여격</u>' 형태다.)

– Ско́лько <u>ей</u> лет? ('ей'는 3인칭대명사 여성 단수 주격 он á 의 <u>여격</u> 형태다.)
  그 여자 분은 나이가 몇이죠?

– Ей 20(<u>два́дцать</u>) <u>лет</u>.   20살입니다.

> (이 문장에서 <u>숫자가 20</u>이므로 'лет'의 수와 격의 형태는 '복수 생격'이다. 그리고 '<u>ей</u>'는 3인칭대명사 여성 단수 주격 'он á의 <u>여격</u>' 형태다.)

• '아버지', '어머니' 등 단어나 이름의 '여격'을 사용해 나이를 묻고 답하기

– Ско́лько лет де́душке? (де́душке는 남성 명사 단수 주격 де́душка의 '여격'이다)

할아버님 연세가 몇이시죠?

– Ему́ 7<u>6</u>(се́мьдесят <u>шесть</u>) <u>лет</u>. 76살입니다.

> (이 문장에서 숫자가 76(=70+6)이므로 'лет'의 수와 격의 형태는 '복수
> 생격'이다. 70은 се́мьдесят[쎔지씻]이며, 합성어(се́мь+десят(7x10))
> 다. '<u>ему́</u>'는 3인칭대명사 단수 주격 он의 '<u>여격</u>' 형태다.)

– Ско́лько лет ба́бушке? (ба́бушке는 여성 명사 단수 주격 ба́бушка의 '여격' 형태다)

할머님 연세가 몇이시죠?

– Ей 7<u>5</u>(се́мьдесят <u>пять</u>) <u>лет</u>. 75살입니다.

> (이 문장에서 숫자가 75(=70+5)이므로 'лет'의 수와 격의 형태는 '복수
> 생격'이다. 그리고 'ей'는 3인칭대명사 여성 단수 주격 она́의 '여격' 형태다.)

– Ско́лько лет отцу́ (па́п<u>е</u>)? (отц<u>у́</u> (па́п<u>е</u>)는 남성 명사 단수 주격 оте́ц (па́па)의 '여격'
>   형태)

아버님(아빠) 연세가 몇이시죠?

– Ему́ 5<u>3</u>(пятьдеся́т <u>три</u>) го́д<u>а</u>. 53살입니다.

> (이 문장에서 숫자가 53(=50+3)이므로 'го́да'의 수와 격의 형태는 '단
> <u>수 생격</u>'이다. пятьдеся́т[삐지지쌷]. '<u>ему́</u>'는 3인칭대명사 단수 주격 он
> 의 '<u>여격</u>' 형태다.)

- Ско́лько лет ма́тери (ма́ме)? (ма́тери (ма́ме)는 여성 명사 단수 주격 мать(ма́ма)의 단수 '여격' 형태다.)

어머님 (엄마) 연세가 몇이시죠?

- Ей 5<u>2</u>(пятьдеся́т <u>два</u>) го́<u>да</u>.   52살입니다.

(이 문장에서 숫자가 52(=50+2)이므로 'го́да'의 수 와 격의 형태는 '단수 생격'이다. 그리고 'ей'는 3인칭대명사 단수 주격 она́의 '여격' 형태다.)

- Ско́лько лет бра́ту? (бра́ту는 남성 명사 단수 주격 бра́т의 단수 '여격' 형태)

동생은 나이가 몇이죠?

- Ему́ <u>19</u>(девятна́дцать) лет.   19살입니다.

(이 문장에서 숫자가 19이므로 'лет'의 수와 격의 형태는 '복수 생격'이다. 19는 девятна́дцать[지비트나짜찌]이며, 합성어(девят+на́дцать(9+10))다. 'ему́'는 3인칭대명사 주격 он의 '여격' 형태다.)

- Ско́лько лет сестре́? (сестре́는 여성 명사 단수 주격 сестра́의 '여격' 형태다)

누나는 나이가 몇이죠.

- Ей 2<u>5</u>(два́дцать <u>пять</u>) лет.   25살입니다.

(이 문장에서 숫자가 25(=20+5)이므로 'лет'의 수와 격의 형태는 '복수 생격'이다. 20은 два́дцать[드바짜찌]이며, 합성어(два́+дцать(2x10))다. 그리고 'ей'는 3인칭대명사 여성 단수 주격 'она́'의 '여격' 형태다.)

- Ско́лько лет вну́ку? (вну́ку는 남성 명사 단수 주격 вну́к의 단수 '여격' 형태)

  손자 나이가 몇이죠?

- Ему́ 3(три) го́да.   3살입니다.

  > (이 문장에서 숫자가 3이므로 'го́да'의 수와 격의 형태는 '단수 생격'이다.
  > 'ему́'는 3인칭대명사 남성 단수 주격 он의 '여격' 형태다.)

- Ско́лько лет вну́чке? (вну́чке는 여성 명사 단수 주격 вну́чка의 '여격' 형태다)

  손녀는 나이가 몇이죠?

- Ей 1(оди́н) год.   1살입니다.

  > (이 문장에서 숫자가 1이므로 'год'의 수와 격의 형태는 '단수 주격'이다.
  > 그리고 'ей'는 3인칭대명사 단수 주격 'она́의 여격' 형태다.)

- Ско́лько лет Анто́ну? (Анто́ну는 남성 명사 단수 주격 Анто́н의 단수 '여격'이다)

  안똔은 나이가 몇이죠?

- Ему́ 27(два́дцать семь) лет.   27살입니다.

  > (숫자가 27(=20+7)이므로 'лет'의 수와 격의 형태는 '복수 생격'이며, 'ему́'
  > 는 인칭대명사 남성 단수 주격 он의 '여격' 형태다.)

- Ско́лько лет Ни́не? (Ни́не는 여성 명사 단수 주격 Ни́на의 '여격' 형태다)

  니나는 나이가 몇이죠?

- Ей 24(два́дцать четы́ре) го́да.   24살입니다.

  > (숫자가 24(=20+4)이므로 'го́да'의 수와 격은 '단수 생격'이다. 'ей'는
  > 3인칭대명사 단수 주격 'она́의 여격' 형태다.)

– Ско́лько лет Са́ше? (Са́ш<u>е</u>는 남성 명사 단수 주격 Са́ша의 '<u>여격</u>' 형태다)

싸샤는 나이가 몇이죠?

– Ему́ 2<u>8</u>(два́дцать <u>во́семь</u>) <u>лет</u>.　28살입니다.

(28은 два́дцать во́семь[드바짜찌 보씸]. <u>숫자가 28(=20+8)이므로 '<u>лет</u>'은 '<u>복수 생격</u>'이며, 'ему́'는 3인칭대명사 남성 단수 주격 он의 '<u>여격</u>' 형태다.)

– Ско́лько лет Со́не? (Со́н<u>е</u>는 여성 명사 단수 주격 Со́ня의 '<u>여격</u>' 형태다)

쏘냐(소냐)는 나이가 몇이죠?

– Ей 2<u>6</u>(два́дцать <u>шесть</u>) <u>лет</u>. 26살입니다.

(숫자가 26(=20+6이므로 '<u>лет</u>'의 수와 격은 '<u>복수 생격</u>'이며, '<u>ей</u>'는 3인칭대명사 단수 주격 '<u>она́</u>의 여격' 형태다.)

– Ско́лько лет Серге́ю? (Серге́<u>ю</u>는 남성 명사 단수 주격 Серге́й의 '<u>여격</u>' 형태다)

씨르계이(세르게이)는 나이가 몇이죠?

– Ему́ <u>18</u>(восемна́дцать) <u>лет</u>. 18살입니다.

(18은 восемна́дцать[바씸나짜찌]. <u>숫자가 18이므로 '<u>лет</u>'는 '<u>복수 생격</u>'</u>이며, 'ему́'는 3인칭대명사 남성 단수 주격 он의 '<u>여격</u>' 형태다.)

– Ско́лько лет Ната́ше?

나따샤는 나이가 몇이죠?

– Ей <u>17</u>(семна́дцать) <u>лет</u>.　17살입니다.

(17은 семна́дцать[씸나짜찌]. <u>숫자가 17이므로 '<u>лет</u>'는 '<u>복수 생격</u>'</u>이며, '<u>ей</u>'는 3인칭대명사 단수 주격 '<u>она́</u>'의 <u>여격</u>' 형태다.)

• 안똔과 싸샤란 남성 간 첫 만남 시 인사와 통성명 및 나이와 직업을 묻고 답하기

– Здра́вствуйте!

안녕하세요!

– Здра́вствуйте!

안녕하세요!

– Как вас зову́т?

성함이 어떻게 되시죠?

– Меня́ зову́т Са́ша. А вас? (А как вас зову́т?)

제 이름은 싸샤입니다. 그런데, 당신은요?

– Меня́ зову́т Анто́н.

제 이름은 안똔입니다.

– Очень прия́тно познако́миться. (Мне о́чень прия́тно познако́миться.)

('반가운, 기쁜, 유쾌한, 즐거운, 기분이 좋은'이란 뜻을 지닌 형용사 прия́тный의 술어적 부사인 прия́тно의 뜻은 '반갑게, 반갑다, 기쁘게, 기쁘다, 유쾌하게, 유쾌하다 등'임. 부사 прия́тно가 포함된 문장을 '무인칭문'이라 하며, 주어를 주격 대신 '여격' 형태로 표현함. 즉, 이 문장에서는 Я 대신 Мне로 표현함.)

만나 뵙게 돼 정말 반갑습니다.

– И я то́же о́чень рад познако́миться.

('기쁘다, 반갑다'란 뜻을 지닌 рад는 주어가 남성 명사 단수일 경우에 사용하며, 복수일 경우에는 단어미형 복수 어미 ы를 붙여 ра́ды로 표현하며, 여성 명사 단수일 경우에는 а를 붙여 ра́да로 표현함. ться는 [쨔]로 발음함. 자음군 тьс, тс, дт, тц는 [ц], 즉, [찌]로 발음함!!!)

저도 만나 뵙게 돼 매우 반갑습니다.

– Антóн, скóлько <u>вам</u> лет?

안똔, 나이가 어떻게 되시죠?

– Мне 4<u>8</u>(сóрок вóсемь) <u>лет</u>.   48살입니다.

> (<u>숫자가 48=40+8이므로</u> 'лет'의 수와 격은 '<u>복수 생격</u>'이며, 'мне'는 1인
> 칭대명사 남성 단수 주격 я의 '<u>여격</u>' 형태다.)

– <u>А</u> вам? (<u>А</u> скóлько <u>вам</u> лет?) <u>그런데</u> 당신은요? (그런데 당신의 나이는 몇이시죠?)

> (이 문장에서 'лет'는 '여름'이란 뜻의 중성 명사 лéто의 '<u>복수 생격</u>' 형태다.
> 그리고 'вам'은 2인칭대명사 복수 주격 вы의 '<u>여격</u>' 형태다.)

– Мне <u>тóже</u> 48 лет.

저 <u>역시</u> 48살입니다.

– Кто вы?

<u>직업이 무엇이죠?</u>

– Я инженéр. <u>А вы?</u>(<u>А кто вы?</u>)

엔지니어(기사)입니다. <u>그런데 당신은요?</u> (<u>그런데 당신의 직업은 무엇이죠?</u>)

– Я учи́тель.

교사입니다.

• 베라와 안나란 여성 간 첫 만남 시 인사와 통성명 및 나이와 직업을 묻고 답하기

  – Здрáвствуйте!

    안녕하세요!

  – Здрáвствуйте!

    안녕하세요!

  – Как вас зовýт?

    성함이 어떻게 되시죠?

  – Меня́ зовýт Вéра. А вас?(А как вас зовýт?)

    제 이름은 베라에요. 그런데, 당신은요? (그런데 당신의 성함은 무엇이죠?)

  – Меня́ зовýт Анна.

    제 이름은 안나에요.

  – (Мне) óчень прия́тно (познакóмиться), Анна.

    안나 씨, 만나 뵙게 돼 정말 반가워요.

  – <u>И я тóже</u> óчень рáда вас вúдеть, Вéра. (вúдеть[비지찌]는 '보다'라는 뜻)

    베라 씨, <u>저도</u> 만나 뵙게 돼 매우 반가워요.

– Анна, ско́лько вам лет?

안나, 나이가 어떻게 되시죠?

– Мне 4<u>7</u>(со́рок <u>семь</u>) <u>лет</u>.　47살입니다.

(<u>숫자가 47</u>=40+7이므로 '<u>лет</u>'의 수와 격은 '<u>복수 생격</u>'이며, '<u>мне</u>'는 1인칭
대명사 남성 단수 주격 я의 '<u>여격</u>' 형태다.)

A вам? (A ско́лько <u>вам</u> лет?)　그런데 당신은요? (그런데 당신의 나이는 몇이시죠?)

(이 문장에서 '<u>лет</u>'는 '여름'이란 뜻의 중성 명사 ле́то의 '<u>복수 생격</u>' 형태다.
그리고 '<u>вам</u>'은 2인칭대명사 복수 주격 вы의 '<u>여격</u>' 형태다.)

– Мне то́же 47 лет.

저도 47살입니다.

– Кто вы?

직업이 무엇이죠?

– Я учи́тельница.　A <u>вы</u>?(A <u>кто вы</u>?)

교사입니다.　그런데 <u>당신은요?</u> (그런데 <u>당신의 직업은 무엇이죠?</u>)

– Я врач.

의사입니다.

• 안똔이란 대학생과 베라란 여대생 간 첫 만남 시 인사와 통성명 및 나이와 직업을 묻고 답하기

– Здра́вствуйе!
안녕하세요!

– Здра́вствуйте!
안녕하세요!

– Как вас зову́т?
성함이 어떻게 되시죠?

– Меня́ зову́т Анто́н. А вас?(А как вас зову́т?)
제 이름은 안똔입니다. 그런데, 당신은요? (그런데 당신의 성함은 무엇이죠?)

– Меня́ зову́т Ве́ра.
제 이름은 베라에요.

– Очень прия́тно, Ве́ра. (Мне о́чень прия́тно (познако́миться), Ве́ра.)
베라 씨, 만나 뵙게 돼 정말 반갑습니다.

– <u>И я то́же</u> о́чень ра́да вас ви́деть, Анто́н.
안똔 씨, <u>저도</u> 만나 뵙게 돼 매우 반가워요.

– Ве́ра, ско́лько вам лет?

베라 씨, 나이가 어떻게 되시죠?

– Мне 2<u>2</u>(два́дцать <u>два</u>) го́д<u>а</u>. 22살입니다.

<u>А</u> <u>вам</u>, Анто́н?(<u>А</u> ско́лько <u>вам</u> лет, Анто́н?)

22살이에요. 그런데 당신은요, 안똔? (그런데 당신의 나이는 몇이시죠, 안똔?)

<u>숫자가 22(=20+2)</u>이므로 'го́да'의 수와 격의 형태는 '<u>단수 생격</u>'이다. мне
는 1인칭대명사 남성 단수 주격 я의 '<u>여격</u>' 형태다.)

– <u>Мне</u> <u>то́же</u> 22 го́да.

<u>저도</u> 22살입니다.

– Кто вы?

직업이 무엇이죠?

– Я студе́нтка. А вы?

대학생이에요. 그런데 당신은요?

– <u>И</u> я <u>то́же</u> студе́нт. (여기서 <u>И</u>는 접속사 '그리고'나 '–와'란 뜻 대신 '–도'란 뜻의 '강조'
용법임)

저도 역시 대학생입니다.

• 베라가 가족사진을 보며 자신의 가족을 소개하는 장면

- Здра́вствуйе!

  안녕하세요!

- Меня́ зову́т Ве́ра.

  제 이름은 베라에요.

- Это на́ша семья́.

  이게 우리 가족이에요.

- Она́(На́ша семья́) – больша́я семья́.

  대가족이죠.

- Это я.

  이게 저에요.

- Мне 22(два́дцать два) го́да.   제 나이는 스물 둘이에요.
  (숫자가 22(=20+2)이므로 'го́да'의 수와 격의 형태는 '단수 생격'이다. мне 는 1인칭대명사 남성 단수 주격 я의 '여격' 형태다.)

- Это мой оте́ц. (소유대명사 мой + 남성 명사 단수 주격)

  이 분이 제 아버지세요.

- Ему́ 51(пятьдеся́т оди́н) год.   연세는 쉰 한 살이시고요.
  (이 문장에서 숫자의 1의 자리 수가 1이므로 'год'의 수와 격의 형태는 '단수 주격'이다. 그리고 'ему́'는 3인칭대명사 남성 단수 주격 он의 '여격' 형태다.)

– Это <u>моя́</u> мать. (소유대명사 моя́[마야] + 여성 명사 단수 주격)

이 분이 <u>제</u> 어머니세요.

– Ей <u>50(пятьдеся́т)</u> лет. 연세는 쉰 살이세요.

(이 문장에서 <u>숫자가 50이므로</u> 'лет'의 수와 격의 형태는 '<u>복수 생격</u>'이다. 그리고 'ей'는 3인칭대명사 여성 단수 주격 она́의 '<u>여격</u>' 형태다.)

– У меня́ есть брат и сестра́.

저에겐 남동생과 여동생이 있어요.

– Это <u>мой брат</u>.

얘는 <u>제 남동생</u>이에요.

– Ему́ <u>19(девятна́дцать)</u> лет.　나이는 19살고요.

(이 문장에서 <u>숫자가 19이므로</u> 'лет'의 수와 격의 형태는 '<u>복수 생격</u>'이다. 'ему́'는 3인칭대명사 주격 он의 '<u>여격</u>' 형태다.)

– Это <u>моя́</u> сестра́.

얘는 <u>제 여동생</u>이에요.

– Ей <u>17(семна́дцать)</u> лет.　나이는 17살이고요.

(<u>숫자가 17이므로</u> 'лет'는 '<u>복수 생격</u>'이며, 'ей'는 3인칭대명사 단수 주격 'она́'의 <u>여격</u>' 형태다.)

– У меня́ <u>есть</u> ба́бушка и де́душка.　제겐 할머니와 할아버지가 계세요.

(현재 시제에서 '있다', '가지고 있다'는 뜻을 가진 <u>есть</u>는 <u>강조 시에만 쓰고,</u> <u>생략함.</u>)

– Это мо**й** де́душк**а**.　이 분이 제 할아버지세요.

> (де́душк**а**는 명사 어미가 문법적으로는 여성 명사 단수형이나, 자연성이 문법적 성보다 우선하므로, 남성 명사임. 따라서 소유대명사도 мо**я́**가 아니라, мо**й**를 써야만 일치하게 됨.)

– Ему́ 7**5**(се́мьдесят **пя́ть**) лет.　연세는 일흔 다섯이세요.

> (이 문장에서 숫자가 75(=70+5)이므로 '**лет**'의 수와 격의 형태는 '복수 생격'이다. 그리고 'ему́'는 3인칭대명사 남성 단수 주격 он의 '여격' 형태다.)

– Это мо**я́** ба́бушк**а**.　이 분이 제 할머니세요.

> (ба́бушк**а**는 명사 어미가 문법적으로 여성 명사 단수형이므로 소유대명사도 мо**я́**를 써야만 일치하게 됨.)

– Ей 7**3**(се́мьдесят **три**) го́да.　연세는 일흔 셋이세요.

> (이 문장에서 숫자가 73(=70+3)이므로 'го́да'의 수와 격의 형태는 '단수 생격'이다. 70은 се́мьдесят[쏌지씻]이며, 합성어 се́мь+десят(7x10)다. 그리고 'ей'는 3인칭대명사 여성 단수 주격 она́의 '여격' 형태다.)

러시아 문화 Pýсская культýра

◎ 러시아 음식 문화

블린(блин)은 러시아의 전통적이고 대중적인 팬케이크로서 반죽에 러시아 특유의 유제품인 케피르를 첨가하여 쫄깃한 맛을 낸다. 블린은 잼이나 꿀, 스메타나 등을 발라 그냥 먹기도 하고, 연어 알, 치즈, 햄, 고기, 버섯 등을 넣어 싸서 먹기도 하며, 지역에 따라서는 밥 볶은 것을 넣어 싸서 먹기도 한다. 블린은 겨울을 보내는 전통적인 축일인 마슬레니차(мáсленица 마쓸리니짜) 기간에 반드시 등장하는 음식으로 러시아인들은 마슬레니차를 '블린 주간'이라고 부르기도 한다. 또한 블린은 스뱌트키(свя́тки 쓰뱌뜨끼 : 크리스마스 주간 축제)나 결혼식 등 다양한 민간 축하 행사에서 러시아인의 사랑을 받아온 음식이다. 피로크(пиро́г 삐로크)는 블린과 함께 축제 때 빠지지 않는 음식으로 우리나라 군만두와 비슷하다.

샤실릭(шашлы́к 샤쉴르익)은 코카서스 음식으로 샴프론(기다란 쇠꼬챙이)에 절인 고기 또는 야채 등을 꽂아서 숯불에 구워 먹는 음식이다. 원래는 양고기로 만들었지만 돼지고기나 닭고기 심지어는 연어나 수닥(러시아 어류)을 꽂아 먹기도 한다. 관광객들, 특히 한국인 여행객들에게는 돼지고기를 꽂아 구운 샤실릭이 인기다. 샤실릭은 광장이나 시장, 길거리 곳곳에서 구워 팔기 때문에 출출할 때 허기를 때울 수 있으며 러시아인들과 함께 여가 시간에 야외에 나가서 자연 속에서 먹으면 그 맛이 일품이다.

펠메니(пельме́нь 뻴리메니)는 러시아 전통 작은 만두로서 우리나라 만두에 비해 알이 작고, 고기만 만두의 소로 사용하며, 껍질이 두껍고 쫄깃쫄깃한 것이 특징이다. 고기 냄새를 없애기 위해 소를 만들 때 러시아 특유의 풀을 섞는다. 펠메니는 푹 삶아서 스메타나 마요네즈와 함께 먹는다.

그리고 솔랸카(соля́нка 쌀랸까, 'селя́нка 씰랸까'라고도 함)는 토마토소스와 고기를 넣어 끓인 진한 수프로서 고기로 국물을 내거나 혹은 생선으로 국물을 내는데, 러시아 특유의 향료가 들어가기 때문에 독특한 맛이 난다. 대부분 작은 도자기(항아리) 모양의 그릇에 담겨 나오기 때문에, 먹는 동안 수프가 식지 않고 뜨거움이 유지된다. 솔랸카는 샤실릭과 더불어 한국인이 가장 즐겨 찾는 러시아 대표 음식이다.

보르쉬(борщ 보르쒸)는 고기 국물에 감자와 당근, 양파를 넣고 빨간 무로 붉게 색깔을 낸 수프다. 취향에 따라 좋아하는 고기로 국물을 낸다. 러시아인은 겨울에는 따뜻하게, 여름에는 차갑게 해서 보르쉬를 즐긴다. 대부분 스메타나를 반드시 첨가하는데, 이때 스메타나가 빨간 수프와 섞이면서 예쁜 분홍색으로 변한다.

크바스(квас 끄바쓰)는 호밀이나 보리의 맥아를 원료로 하여 효모 또는 발효한 호밀 빵을 넣어 만든 러시아 특유의 갈색 청량음료다. 러시아 속담에도 '크바스와 함께 빵을 먹으라'는 말이 있듯 농민들에게 없어서는 안 될 기호식품이다. 제조법이 비교적 간단하기 때문에 러시아에서는 가정에서도 손쉽게 만들어 마신다. 최근 도시의 전문 공장에서 대량 생산되며. 탄산과 젖산 그리고 약간의 알코올 기운도 함유하고 있어 맛이 독특하며 갈증을 해소하는 데 좋다.

보드카(во́дка 보트까)는 어원이 '물'을 뜻하는 'вода́ 바다'란 단어에서 파생된 것으로 알코올 도수가 대부분 40%나 되는 무색무취의 독주다. 곡물을 증류하여 제조하는 보드카는 추운 겨울에 러시아인들을 따뜻하게 해주는 가장 대중적인 술이다. 상트페테르부르크의 보드카 박물관에서 다양한 보드카를 맛볼 수 있어 애주가들이 들르곤 한다. "러시아인은 보드카 없이는 살 수 없다"는 말이 있듯이 많은 러시아인들이 보드카를 즐겨 마신다. 여러 사람이 술자리를 같이할 때 첫 잔은 반드시 단번에 비우는 것이 관례며, 술자리에서 보통 일어서서 돌아가며 한 마디 씩 덕담이나 축하하는 말 등을 하는 토스트 (тост 또쓰뜨, '건배 또는 축배 제의' 또는 '축배의 인사말이나 잔'을 뜻함)가 특징이다.

어디 사세요?

Где вы живёте?

◎ 전치사 в와 명사 전치격의 격변화, 그리고 주어의 인칭과 수에 따른
　동사 жить, говори́ть의 현재 시제의 어미변화

- **주어의 인칭과 수에 따른 동사 жить(살다)의 현재 시제 어미의 변화 :**

    Я живу́,　　　Ты живёшь,　　　Он(Она́, Оно́) живёт.
    나는 살고 있다,　너는 살고 있다,　(그녀, 그것)은 살고 있다.

    Мы живём,　　　Вы живёте,　　　Они́ живу́т.
    우리는 살고 있다,　당신(들)은 살고 있다,　그들은 살고 있다.

주어가 1인칭대명사 단수 주격 Я와 동사 жить(살다)의 현재 시제 어미 ý의 일치, 2인칭대명사 단수 주격 Ты와 어미 ёшь의 일치, 3인칭대명사 단수 주격 Он(Онá, Онó)와 어미 ёт의 일치, 1인칭대명사 복수 주격 Мы와 어미 ём의 일치, 2인칭대명사 복수 주격 Вы와 어미 ёте의 일치, 3인칭대명사 복수 주격 Они́와 어미 ýт의 일치. 이 동사의 현재 시제의 어간 жив는 변치 않는 부분임!

• **주어의 인칭과 수에 따른 동사 говори́ть(말하다)의 현재 시제 어미의 변화:**

Я говорю́,   Ты говори́шь,   Он(Онá, Онó) говори́т,

나는 말하고 있다,   너는 말하고 있다.   그(그녀, 그것)은 말하고 있다,

Мы говори́м,   Вы говори́те,   Они́ говоря́т

우리는 말하고 있다,   당신(들)은 말하고 있다,   그들은 말하고 있다

주어가 1인칭대명사 단수 주격 Я와 동사 говори́ть(말하다)의 현재 시제 어미 ю́의 일치, 2인칭대명사 단수 주격 Ты와 어미 и́шь의 일치, 3인칭대명사 단수 주격 Он(Онá, Онó)와 어미 и́т의 일치, 1인칭대명사 복수 주격 Мы와 어미 и́м의 일치, 2인칭대명사 복수 주격 Вы와 어미 и́те의 일치, 3인칭대명사 복수 주격 Они́와 어미 я́т의 일치. 이 동사의 현재 시제의 어간 говор는 변치 않는 부분임!

– Где вы живёте? 어디 사세요? [그제 브이 쥐뵤쩨]

(의문사 где는 '어디에'란 뜻이다. 동사 현재형은 어간과 어미로 구성되는데, 어간은 변치 않는 부분이며, 어미는 주어의 인칭과 수에 따라 변하는 부분이다. 이 문장에서 주어인 인칭대명사 вы는 2인칭 복수에 해당한다. 따라서 동사 жить의 현재 시제 형태인 живёте는 동사 어간 жив에 2인칭 복수 어미 ёте가 합해져 만들어진 것이다. 즉, 동사의 현재 시제 어간 жив + 어미 ёте = живёте. 그리고 '살다'란 뜻의 동사 жить의 현재 시제 형태인 'живёте'는 '살고 있다'란 뜻이다.)

– Я живу́ в Сеу́ле. 서울에 살고 있습니다. [야 쥐부 프써울레]

(이 문장에서 주어인 인칭대명사 Я는 1인칭 단수에 해당한다. 따라서 동사 жить의 현재 시제 형태인 живу는 동사 어간 жив에 1인칭 단수 어미 у가 합해져 만들어진 것이다. 즉, 동사의 현재 시제 어간 жив + 어미 у = живу. 그리고 в Сеу́ле는 앞 문장 의 의문사 где와 연관된 '전치사 구'다. '–에, –에서'란 뜻을 지닌 전치사 в는 뒤에 오는 형용사와 명사 등을 전치격 형태를 취한다. 즉, 명사 Сеу́л에 전치격 단수 어미 е가 더해져 Сеу́ле가 된 것이다. 즉, 명사 Сеу́л + 전치격 단수 어미 е = Сеу́ле

– Где живёт ваш брат? 당신의 형은 어디 살고 있어요? [그제 쥐뵷 바쉬 브랏]

(남성 명사 단수 주격은 3인칭 단수 지시대명사이자 인칭대명사의 주격 형태인 он에 해당한다. '형'이나 '동생'이란 뜻의 명사인 брат는 남성 명사 단수 주격 형태이므로 지시대명사이자 인칭대명사 3인칭 단수인 он에 해당한다. 이는 다음에 이어지는 대답하는 문장 "Он то́же живёт в Сеу́ле." 에서처럼 주어가 Он으로 쓰이는 것과 상응한다. 그 앞의 단어 ваш는 '당신의'란 뜻의 소유대명사다. 따라서 동사 жить의 현재 시제 형태인 живёт는 동사 어간 жив에 3인칭 단수 어미 ёт가 합해져 만들어진 것이다. 즉, 동사의 현재 시제 어간 жив + 어미 ёт = живёт)

– Он то́же живёт в Сеу́ле. [온 또줴 쥐뵷 프씨울레]

역시 서울에 살고 있습니다.

- Где <u>ты</u> <u>живёшь</u>? 너, 어디 사니? [그졔 뜨이 쥐뵤쉬]

(이 문장에서 주어인 <u>인칭대명사</u> ты는 2인칭 단수다. 따라서 <u>동사 жить</u> <u>의 현재 시제</u> 형태인 живёшь는 동사 어간 жив에 2인칭 단수 어미 ёшь가 합해져 만들어진 것이다. 즉, 동사의 현재 시제 <u>어간 жив + 어미 ёшь</u> <u>= живёшь</u>)

- Я <u>живу́</u> в Москве́. [야 쥐부 브마스끄볘]

마스끄바(모스크바)에 살아.

- Где <u>живёт</u> <u>твоя́</u> <u>подру́га</u>? 네 여자 친구는 어디 사니? [그졔 쥐뵷 뜨바야 빠드루가]

(여성 명사 단수 주격은 3인칭 단수 지시대명사이자 인칭대명사의 주격 형태인 <u>она́</u>에 해당한다. '여자 친구'란 뜻의 명사인 <u>подру́га</u>는 여성 명사 단수 주격 형태이므로 지시대명사이자 인칭대명사 3인칭 단수인 <u>она́</u>에 해당한다. 이는 다음에 이어지는 대답하는 문장 "Она́ живёт в Санкт-Петербу́рге."에서처럼 주어가 <u>она́</u>로 쓰이는 것과 상응한다. 그 앞의 단어 <u>твоя́</u>는 '당신의'란 뜻의 소유대명사다. 따라서 <u>동사 жить</u> <u>의 현재 시제</u> 형태인 живёт는 동사 어간 жив에 3인칭 단수 어미 ёт가 합해져 만들어진 것이다. 즉, 동사의 현재 시제 <u>어간 жив + 어미 ёт</u> <u>= живёт</u>)

- <u>Она́</u> живёт в Санкт-Петербу́рге. [아나 쥐뵷 프쌍크뜨-뻬찌르부르게]

쌍뜨-뻬찌르부르크(상트페테르부르크)에 살아.

- Где <u>вы</u> <u>живёте</u>? [그졔 브이 쥐뵤쩨]

어디 살고 계세요?

- <u>Я</u> живу́ в Росси́и. [야 쥐부 브라씨이]

러시아에 삽니다.

– В как<u>о́</u>м г<u>о́роде</u> вы жив<u>ё</u>те? 어느 도시에 사시죠? [프까꼼 고라제 브이 쥐뵤쩨]

> (В как<u>о́м г</u>о́роде란 전치사 구에서 г<u>о́роде</u>는 남성 명사의 단수 주격
> <u>형태인 г</u>о́род의 **전치격** 형태다. 그리고 <u>как<u>о́</u>м은 남성 의문대명사의</u>
> <u>단수 주격</u> 형태인 <u>как<u>о́</u>й의 전치격</u> 형태다. <u>как<u>о́</u>й</u>는 '**어떤**'이란 뜻임)

– Я жив<u>у́</u> в Москв<u>е́</u>. А где вы жив<u>ё</u>те? [야 쥐부 브마스끄베. 아 그제 브이 쥐뵤쩨]
마스끄바(모스크바)에 삽니다. 그런데 당신은 어디 사시죠?

– Я жив<u>у́</u> в Кор<u>е́</u>е. [야 쥐부 프까레에]
한국에 삽니다.

– В как<u>о́</u>м г<u>о́роде</u> вы жив<u>ё</u>те? [프까꼼 고라제 브이 쥐뵤쩨]
어느 도시에 사시죠?

– Я жив<u>у́</u> в Се<u>у́</u>ле.   서울에 삽니다. [야 쥐부 프씨울레]
Я кор<u>е́</u>ец(коре<u>я́</u>нка).   저 한국인(한국 여성)입니다. [야 까레잇(까리얀까)]
Вы говор<u>и́</u>те по-кор<u>е́</u>йски? 한국말 할 줄 아세요? [브이 거바리쩨 빠–까레이쓰끼]

> (직역 : 당신은 한국어로 말합니까?)

> (이 문장에서 주어인 **인칭대명사** <u>вы는</u> 2인칭 복수에 해당한다. 따라서
> **동사 говор<u>и́</u>ть**의 **현재 시제** 형태인 говор<u>и́</u>те는 **동사 어간 говор**에 **2인**
> **칭 복수 어미** <u>и́</u>те가 **합해져 만들어진 것이다. 즉, 동사의 현재 시제 <u>어간</u>**
> <u>говор</u> + 어미 <u>и́</u>те = говор<u>и́</u>те. 그리고 '말하다'란 뜻의 동사 говор<u>и́</u>ть의
> 현재 시제 형태인 <u>говор<u>и́</u>те</u>'는 '말하고 있다'(여기서는 '말할 줄 안다'로
> 의역한 것임)란 뜻이며, по-кор<u>е́</u>йски는 '한국어로'란 뜻.)

– Я <u>немно́го</u> говорю́ по-коре́йски.　<u>조금</u> 한국어 할 줄 압니다. [야 니므노가

거바류 빠–까례이쓰끼]

(이 문장에서 주어인 <u>인칭대명사 я</u>는 <u>1인칭 단수</u>에 해당한다. 따라서 <u>동사</u>
<u>говори́ть</u>의 <u>현재 시제</u> 형태인 <u>говорю́</u>는 <u>동사 어간 говор</u>에 <u>1인칭 단수</u>
<u>어미 ю́</u>가 <u>합</u>해져 만들어진 것이다. 즉, 동사의 현재 시제 <u>어간 говор +</u>
<u>어미 ю́ = говорю́</u> 그리고 '말하다'란 뜻의 동사 говори́ть의 현재 시제 형태
인 'говорю́'는 '말하고 있다'(여기서는 '말할 줄 안다'로 의역한 것임)란
뜻임)

– А где ты живёшь? [아 그졔 뜨이 쥐뵤쉬]

그럼, 넌 어디 사니?

– Я живу́ в Аме́рике.　미국에 살아. [야 쥐부 비몌리꼐]

(Аме́рике는 여성 명사 단수 주격 Аме́рика의 전치격 형태다.)

Я америка́нец.　나 미국인이야. [야 이미리까닛(아미리까닛)]

Где ты живёшь?　넌 어디 사는데? [그졔 뜨이 쥐뵤쉬]

– Я живу́ в Коре́е.　한국에 살아. [야 쥐부 프까례에]

(Коре́е는 여성 명사 단수 주격 Коре́я의 전치격 형태다.)

Я коре́ец(коре́янка).　나 한국 사람이야. [야 까례잇(까리얀까)]

– Ты говори́шь по-ру́сски?　너 러시아어 할 줄 아니? [뜨이 거바리쉬 빠–루쓰끼]

(이 문장에서 주어인 <u>인칭대명사 т</u>는 <u>2인칭 단수</u>에 해당한다. 따라서 <u>동사</u>
<u>говори́ть</u>의 <u>현재 시제</u> 형태인 <u>говори́шь</u>는 <u>동사 어간 говор</u>에 <u>2인칭 단수</u>
<u>어미 и́шь</u>가 <u>합</u>해져 만들어진 것이다. 즉, 동사의 현재 시제 <u>어간 говор +</u>
<u>어미 и́шь = говори́шь</u> 그리고 '말하다'란 뜻의 동사 говори́ть의 현재 시제
형태인 'говори́шь'는 '말하고 있다'(여기서는 '말할 줄 안다'로 의역한 것임)
란 뜻임)

– Да, я говорю́ по-ру́сски. [다, 야 거바류 빠-루쓰끼]

응, 할 줄 알아.

– Ты <u>хорошо́</u> говори́шь по-ру́сски? 너 러시아어 잘하니? [뜨이 허라쇼 거바리쉬

빠-루쓰끼]

(хорошо́는 '잘', '좋게', '훌륭히', '뛰어나게'란 뜻의 부사이자, '좋다',

'잘하다', '훌륭하다', '뛰어나다', '알았다'란 뜻의 술어임.)

– Нет, (я) <u>пло́хо</u> говорю́ по-ру́сски. 아니, (나) 러시아어 못해. [녯, (야) 쁠로하

거바류 빠-루쓰끼]

(хорошо́의 반대말인 пло́хо는 '잘못', '나쁘게', '서투르게', '졸렬하게'란

뜻의 부사이자, '나쁘다', '잘 못하다'란 뜻의 술어임.)

– Вы живёте в Кита́е и́ли в Росси́и? 중국에 사시나요, 아니면 러시아에 사시

나요? [브이 쥐뵤쩨 프끼따에 일리 브라씨이]

(Кита́е는 남성 명사 단수 주격 Кита́й의 전치격이며, Росси́и는 여성 명사

단수 주격 Росси́я의 전치격 형태다.)

– Я живу́ в Росси́и. [야 쥐부 브라씨이]

러시아에 삽니다.

– Вы говори́те по-кита́йски? [브이 거바리쩨 빠-끼따이쓰끼](по-кита́йски는 '중국

어로'란 뜻)

중국어 할 줄 아시나요?

– Я о́чень хорошо́ говорю́ по-кита́йски. [야 오췬 허라쇼 거바류 빠-끼따이쓰끼]

저 중국어 아주 잘합니다.

- Где <u>вы</u> живёте? [그제 브이 쥐뵤쩨]

   <u>당신들은</u> 어디 살고 계세요?

- <u>Мы</u> живём в Росси́и. <u>우리는</u> 러시아에 삽니다. [므이 쥐뵴 브라씨이]

   (문장의 주어 <u>Мы</u>는 1인칭 대명사 복수 주격에 해당한다. 따라서 <u>동사 жить의 현재 시제 형태</u>인 живём은 동사 어간 жив에 1인칭 복수 어미 ём이 합해져 만들어진 것이다. 즉, <u>동사의 현재 시제 어간 жив + 어미 ём = живём</u>.)

- А где живу́т <u>ва́ши</u> <u>Роди́тели</u>? 그럼, 당신의 부모님은 어디 살고 계시죠?

   [아 그제 쥐붓 바쉬 라지찔리]

   (<u>남성 명사 복수 주격은 3인칭 단수 지시대명사이자 인칭대명사의 주격</u> 형태인 они́에 해당한다. '형'이나 '동생'이란 뜻의 명사인 брат는 남성 명사 복수 주격 형태이므로 <u>지시대명사이자 인칭대명사 3인칭 복수인 они́에 해당한다.</u> 이는 다음에 이어지는 문장 "Они́ живу́т то́же в Росси́и."에서처럼 주어가 <u>Они́</u>로 쓰이는 것과 상응한다. 그 앞의 단어 <u>ва́ши</u>는 ваш의 복수 형태로서 '당신의'란 뜻의 소유대명사다. 따라서 <u>동사 жить의 현재 시제 형태</u>인 живу́т는 동사 어간 жив에 3인칭 단수 이미 у́т가 합해져 만들어진 것이다. 즉, 동사의 현재 시제 <u>어간 жив + 어미 у́т = живу́т</u>)

- <u>Они́</u> живу́т то́же в Росси́и. [아니 쥐붓 또줴 브라씨이]

   <u>그 분들도</u> 러시아에 살고 계세요.

러시아 문화 Pу́сская культу́ра

◎ 러시아 미술

러시아 미술은 러시아가 비잔틴제국으로부터 기독교를 수용하면서 본격적으로 발달하기 시작했다. 이는 988년 블라디미르(Влади́мир 블라지미르) 대공에 의해 988년 기독교가 러시아의 국교로 선포됨으로써 당시 키예프 루스(Ки́евская Русь 끼이프쓰까야 루씨, 고대러시아)는 러시아 예술의 비잔틴화로의 길을 걷게 된 것과 연관된다. 이후 17세기에 표트르 대제(Пётр Вели́кий 뾰뜨르 빌리끼이)가 서구화 정책을 실시하기 전까지를 중세 러시아 예술이라 한다. 이 시기의 러시아 예술은 주로 성서의 내용이나 그리스도, 성모 마리아, 성자들의 모습을 표현한 이콘(ико́на 이꼬나, 성상화, 聖像畵), 프레스코 화, 모자이크 화 등 교회를 중심으로 발전했다. 러시아 미술 역시 비잔틴 회화의 영향을 크게 받았기 때문에 작품의 주제나 기법, 색체 사용 등에 있어서도 비잔틴 화가들과 거의 유사했다. 이콘은 엄격한 법칙, 즉 카논(кано́н 까논)에 따라 그 표현 양식과 내용이 허용될 수 있는 것과 없는 것으로 규정된다. 이콘은 유럽의 르네상스 예술의 특징인 원근화법과 달리 이미지를 실제와 유사하게 재현하는 것이 아니라, 이콘을 감상하는 자(숭배자 등)가 자신의 믿음의 원천(대상)을 향해 제시되는 현재 정신적으로 느끼는 것을 전달하는 데 강조점을 둔다. 보통 이콘은 집안의 성스러운 구석, 즉 아름다운 구석(кра́сный у́гол 끄라쓰느이 우갈)에 모셔진다. 러시아에서 가장 유명한 이콘은 모스크바 트레티야코프 미술관(Третьяко́вская галее́я 뜨리찌이꼬프쓰까야 갈리례야)에 보존되고 있는 '블라디미르 성모'다.

15세기에 모스크바공국 시대에 접어들면서 러시아 이콘은 비잔틴 방식에서 점차 벗어나기 시작해 자신만의 독특한 전통을 수립하게 된다. 대표적인 러시아 이콘 화가가 안드레이 루블료프(Андре́й Рублёв)다. 그는 전통적인 이콘을 새롭게 해석해, 밝고 투명한 유채색을 독창적으로 사용해 모스크바 화풍에 커다란 영향을 주었다.

16세기에 접어들면서 모스크바 이콘은 르네상스 사조의 영향을 받아 역사적 주제를 도입함으로써 기독교적 주제와 세속적 주제가 서로 결합된 우의적 이콘이 나타났다. 그러나 16세기 중반 이후 러시아정교회가 이콘의 디자인에 더 엄격한 통제를 가하기 시작하자 이콘이 쇠퇴하기 시작했다.

18세기에 접어들면서 뾰뜨르 대제의 서구화 정책으로 러시아 미술은 서구의 예술을 적극적으로 수용하면서 바로크 양식이 도입됨에 따라 점차 세속화되기 시작했다. 이로 인해 러시아 미술의 주요 장르였던 이콘이 점차 다른 미술 장르에 주도권을 넘겨주었다. 따라서 러시아 미술에 다양한 현실적인 주제와 소재를 표현한 인물화나 초상화, 풍경화 등이 나타나기 시작했다. 러시아 미술은 르네상스로부터 직접 영향을 받지 못했지만, 이 시기에 프랑스, 독일, 이탈리아 등 서구 미술의 바로크, 로코코, 신고전주의로부터 직접 영향을 받아 명암법, 원근법 등의 묘사 양식을 발전시켰다.

18세기 후반부터는 바로크 양식이 점차 쇠퇴하는 대신 새롭고 진보적인 고전주의 장르가 나타났다. 고전주의 양식은 러시아 미술에 자유와 시민정신, 사회의 번영과 인간 평등사상을 고취하고, 동시대인들에게 세계관과 미적 감각에 새로운 변화를 주는 데 도움을 주었고, 러시아 국민들을 자각시키고 중세 봉건제도와의 절연을 촉진시켰다.

19세기 초에 러시아 미술은 서구 미술의 영향 하에서 러시아적인 독특한 사실주의 화풍이 정착되어 갔다. 러시아는 민중의 커다란 도움과 희생으로 1812년 러시아를 침입한 나폴레옹 군대를 물리쳤다. 이처럼 프랑스와의 조국전쟁을 통해 애국심을 고취한 러시아 화가들은 아카데믹한 고전주의 화풍에서 벗어나 민족적이고 민중적인 예술관을 형성하기 시작했다. 이와 더불어 사회적 관심이 러시아의 전통과 역사에 대한 관심이 고조되면서 역사를 주제로 한 그림이 독특한 장르로 등장했다. 역사화 장르의 대표 화가인 바실리 페로프(Василий Перов 바씰리이 뼤라프, 1833-1882)는 러시아 민중의 일상생활을 묘사하여 1850년대 사회풍속화를 발전시키는 계기를 마련해, 1860년대 이후 이반 크람스코이(Иван Крамской 이반 끄람쓰꼬이, 1837-1887)와 일리야 레핀 등이 참여한 '이동전람파'(Передвижники 뼤리드비즈니끼)의 발전에도 많은 도움을 주었다. 이동전람파 화가들은 러시아 전국의 도시를 순회하면서 러시아 사회가 안고 있던 정치 사회적 모순들을 사실적으로 묘사한 그림들을 전시하였다.

'이동전람파'와 함께 러시아 미술에서 가장 괄목할 장르는 19세기 후반의 사실주의였다. 1861년 알렉산드르 2세(Александр II 알릭싼드르 프따로이)의 농노해방령으로 인한 민족적 자각과 민중의 일상생활에 대한 새로운 이해를 바탕으로 진보적인 시민성 원칙이 가미된 사실주의 회화 양식이 크게 발전했다. 이러한 경향의 대표 화가가 일리야 레핀(Илья Репин 일리야 레삔, 1844-1930)과 바실리 수리코프(Василий Суриков 바씰리이 쑤리까프, 1848-1916) 등이다. 특히 레핀은 인물의 특징을 포착해 묘사하는 데 뛰어난 재능을 지녔는데, 주로 러시아 지식인과 하층민들의 삶의 모습을 생생하게 묘사하였다. 레핀의 대표작으로 「볼가 강의 배를 끄는 인부들」, 「톨스토이 초상」, 「이반 뇌제와 그의 아들 이반」, 「터키 술탄에게 편지를 쓰는 좌포로지예 카자크들」 등이 있다. 1860년대 풍속 화가들은 러시아 미술을 새롭게 발전시켰다. 바실리 페로프는 가난한 농촌의 모습을 소개하고, 러시아정교회를 대담하게 비판했다. 도시 빈민, 잡계급 지식인, 소시민 출신의 사실주의 화가들은 농민, 지주, 거지, 관리 등의 모습을 있는 그대로 리얼하게 그렸다.

19세기 후반 러시아 미술은 러시아 문화와 역사에 관심을 갖고 러시아 민중의 전통적인 러시아 미술 장르에 관심을 가진 화가들과 순수예술을 지향하는 젊은 화가들이 등장하기 시작했다. 세기말의 새로운 세계관을 반영하는 젊은 화가들, 즉 '아방가르드'라 불리는 모더니즘을 표방하는 청년 화가들은 '이동전람파'의 계몽적이고 사회비판적인 성격의 예술에 반발해 '예술을 위한 예술', 즉 순수예술을 지향했다. 이 순수예술의 주도적인 화가 중 한 사람인 미하일 브루벨(미하일 브루빌 Михаи́л Вру́бель, 1856-1910)은 악마에 대한 강박관념을 자신의 작품을 표현했고, 상징주의의 영감을 보여주었다.

20세기 초 러시아 화가들은 후기 이상주의 화가 세잔, 입체주의 화가 고흐, 마티스, 피카소 등과 상호 영향을 주고받았다. 비판적 사실주의는 원시주의, 상징주의, 추상주의 등에 의해 강력히 비판을 받고 거부되었다. '색채의 미술사'로 불리는 마르크 샤갈(Марк Ша́гал 마르끄 샤갈, 1887-1985)은 마치 이상한 마술사가 다른 세계의 비밀을 파헤치기 위해 나타나기라도 한 것처럼 20세기의 격변기에 나타났다. 샤갈은 초기 큐비즘의 영향에서 벗어나 자유로운 상상과 풍부한 색채 사용을 통해 슬라브적인 환상의 세계와 동화의 세계를 표현했다. 바실리 칸딘스키(Васи́лий Канди́нский 바씰리이 깐진스끼, 1866-1944)는 피카소와 마티스 등과 더불어 20세기의 '현대 순수 추상 회화의 선구자'로 평가를 받는다. 칸딘스키는 1917년 10월 혁명 이후 창작의 자유가 제약을 받자 1921년 독일 베를린으로 이주했다. 그는 바우하우스에서 응용미술을 가르치면서, 원과 직선, 삼각형과 사각형 등 기하학적 요소에 커다란 관심을 가지는 등 회화에 있어서 직관적이고 상상적인 요소를 강조했다. 1926년에 그는 자신의 가중 중요한 미술 이론서인 「점, 선, 면」의 발표를 통해 구성주의 추상 미술론을 완성했다. 1937년에는 칸딘스키의 작품 57점이 나치에 의해 '퇴폐 예술'이란 이유로 압수당하는 등 한 때 위축된 활동 모습을 보이기도 했지만, 최근 러시아 미술이 그의 과거의 유산을 복구함으로써 예전의 명성을 되찾아 가고 있다.

뭘 사랑하시죠?

Что вы лю́бите?

◎ 취미 활동과 연관된 대화에서 주어의 인칭과 수에 따른 동사 люби́ть, игра́ть, де́лать와 조동사 уме́ть 등의 현재 시제의 어미변화

• 주어의 인칭과 수에 따른 동사 люби́ть(사랑하다, 좋아하다)의 현재 시제의 어미 변화 :

Я люблю́,   Ты лю́бишь,   Он(Она́, Оно́) лю́бит,
나는 사랑하고 있다,   너는 사랑하고 있다,   그(그녀, 그것)는 사랑하고 있다,

Мы лю́бим,   Вы лю́бите,   Они́ лю́бят
우리는 사랑하고 있다,   당신(들)은 사랑하고 있다,   그들은 사랑하고 있다

주어가 1인칭대명사 단수 주격 Я와 동사 люби́ть의 현재 시제의 어미 ю̀의 일치, 2인칭대명사 단수 주격 Ты와 어미 ишь의 일치, 3인칭대명사 단수 주격 Он(Она́, Оно́)와 어미 ит의 일치, 1인칭대명사 복수 주격 Мы와 어미 им의 일치, 2인칭대명사 복수 주격 Вы와 어미 ите의 일치, 3인칭대명사 복수 주격 Они́와 어미 ят의 일치. Я люблю́ 에만 동사의 현재 시제의 어간 люб에 л이 첨가되었다는 점이 특이함!!!

● **주어의 인칭과 수에 따른 조동사 уме́ть(할 줄 알다. 할 수 있다)의 현재 시제의 어미변화 :**

Я уме́ю,　　　　Ты уме́ешь,　　　Он(Она́, Оно́) уме́ет,
나는 할 줄 안다,　너는 할 줄 안다,　그(그녀, 그것)는 할 줄 안다,

Мы уме́ем,　　　Вы уме́ете,　　　　Они́ уме́ют
우리는 할 줄 안다,　당신(들)은 할 줄 안다,　그들은 할 줄 안다

주어가 1인칭대명사 단수 주격 Я와 조동사 уме́ть(할 줄 알다)의 현재 시제의 어미 ю의 일치, 2인칭대명사 단수 주격 Ты와 어미 ешь의 일치, 3인칭대명사 단수 주격 Он(Она́, Оно́)와 어미 ет의 일치, 1인칭대명사 복수 주격 Мы와 어미 ем의 일치, 2인칭대명사 복수 주격 Вы와 어미 ете의 일치, 3인칭대명사 복수 주격 Они́와 어미 ют의 일치. 이 조동사의 현재 시제의 어간 уме́는 변치 않는 부분임!

- **주어의 인칭과 수에 따른 동사 игра́ть(게임하다, 놀다, 연주하다)의 현재 시제 어미의 변화:**

Я игра́ю,   Ты игра́ешь,   Он(Она́, Оно́) игра́ет,
나는 게임하고 있다,   너는 게임하고 있다,   그(그녀, 그것)은 게임하고 있다,

Мы игра́ем,   Вы игра́ете,   Они́ игра́ют
우리는 게임하고 있다, 당신(들)은 게임하고 있다, 그들은 게임하고 있다

주어가 1인칭대명사 단수 주격 Я와 동사 игра́ть의 현재 시제의 어미 ю의 일치, 2인칭대명사 단수 주격 Ты와 어미 ешь의 일치, 3인칭대명사 단수 주격 Он(Она́, Оно́)와 어미 ет의 일치, 1인칭대명사 복수 주격 Мы와 어미 ем의 일치, 2인칭대명사 복수 주격 Вы와 어미 ете의 일치, 3인칭대명사 복수 주격 Они́와 어미 ют의 일치. 이 동사의 현재 시제의 어간 игра́는 변치 않는 부분임!

- **주어의 인칭과 수에 따른 동사 де́лать(하다, 만들다)의 현재 시제 어미의 변화:**

Я де́лаю,   Ты де́лаешь,   Он(Она́, Оно́) де́лает,
나는 하고 있다, 너는 하고 있다, 그(그녀, 그것)는 하고 있다,

Мы де́лаем,   Вы де́лаете,   Они́ де́лают
우리는 하고 있다, 당신(들)은 하고 있다, 그들은 하고 있다

주어가 1인칭대명사 단수 주격 <u>Я</u>와 동사 де́лать(하다, 만들다)의 현재 시제의 어미 <u>ю</u>의 일치, 2인칭대명사 단수 주격 <u>Ты</u>와 어미 <u>ешь</u>의 일치, 3인칭대명사 단수 주격 <u>Он(Она́, Оно́)</u>와 어미 <u>ет</u>의 일치, 1인칭대명사 복수 주격 <u>Мы</u>와 어미 <u>ем</u>의 일치, 2인칭대명사 복수 주격 <u>Вы</u>와 어미 <u>ете</u>의 일치, 3인칭대명사 복수 주격 <u>Они</u>와 어미 <u>ют</u>의 일치. 이 동사의 현재 시제의 어간 де́ла는 변치 않는 부분임!

- Что вы лю́бите? [쉬또 브이 류비쩨]
  당신은 뭘 좋아하시죠?

- Я люблю́ спорт. [야 류블류 쓰뽀르뜨]
  저는 스포츠를 좋아합니다.

- Како́й спорт вы лю́бите? [까꼬이 쓰뽀르뜨 브이 류비쩨]
  어떤 스포츠를 좋아하세요?

- Я люблю́ футбо́л. [야 류블류 푸드볼]
  축구 좋아합니다.

- Вы уме́ете игра́ть в футбо́л? [브이 우메이쩨 이그라찌 프푸드볼]
  축구 할 줄 아세요?

- Да, я уме́ю игра́ть в футбо́л. [다, 야 우메유 이그라찌 프푸드볼]
  네, 할 줄 압니다.

– Вы хорошо́ игра́ете в футбо́л? [브이 허라쑈 이그라이쩨 프푸드볼]

축구 잘 하세요?

– Да, я хорошо́ игра́ю в футбо́л. [다, 야 허라쑈 이그라유 프푸드볼]

네, 잘합니다.

– Ты лю́бишь спорт? [뜨이 류비쉬 쓰뽀르뜨]

너 운동 좋아하니?

– Да, я люблю́ спорт. [다, 야 류블류 쓰뽀르뜨]

응, 운동 좋아해.

– Како́й спорт ты ллю́бишь? [까꼬이 쓰뽀르뜨 뜨이 류비쉬]

어떤 운동 좋아하니?

– Я люблю́ гольф. [야 류블류 골리프]

나 골프 좋아해.

– Ты уме́ешь игра́ть в гольф? [뜨이 우몌이쉬 이그라찌 브골리프]

너 골프 칠 줄 아니?

– Да, я уме́ю игра́ть в гольф. [다, 야 우몌유 이그라찌 브골리프]

응, 나 골프 칠 줄 알아.

- Ты хорошо́ игра́ешь в гольф? [뜨이 허라쇼 이그라이쉬 브골리프]
  너 골프 잘 치니?

- Нет, я не о́чень хорошо́ игра́ю в гольф. [녯, 야 니 오췬 허라쇼 이그라유 브골리프]
  아니야, 난 골프 아주 잘 못 쳐.

- Что вы сейча́с де́лаете? [쉬또 브이 씨이촤쓰 졜라이쩨]
  당신은 지금 무엇을 하시나요?

- Сейча́с я игра́ю в футбо́л. [씨이촤쓰 야 이그라유 프푸드볼]
  저는 지금 축구하고 있습니다.

- Вы хорошо́ игра́ете в футбо́л? [브이 허라쇼 이그라이쩨 프푸드볼]
  축구 잘하시나요?

- Да, я хорошо́ игра́ю в футбо́л. [다, 야 허라쇼 이그라유 프푸드볼]
  네, 축구 잘합니다.

- Что ты сейча́с де́лаешь? [쉬또 뜨이 씨이촤스 지엘라이쉬]
  너 지금 무엇을 하고 있니?

- Сейча́с я игра́ю в футбо́л. [씨이촤쓰 야 이그라유 프푸드볼]
  나 지금 축구를 하고 있어.

- Ты хорошо́ игра́ешь в футбо́л? [뜨이 허라쇼 이그라이쉬 프푸드볼]

  너 축구 잘하니?

- Да, я хорошо́ игра́ю в футбо́л. [다, 야 허라쇼 이그라유 프푸드볼]

  응, 나 축구 잘해.

- Что вы сейча́с де́лаете? [쉬또 브이 씨이촤쓰 지엘라이쩨]

  너희들 지금 뭐 하고 있니?

- Сейча́с мы игра́ем в футбо́л. [씨이촤쓰 므이 이그라임 프푸드볼]

  저희들 지금 축구하고 있어요.

- Вы хорошо́ игра́ете в футбо́л? [브이 허라쇼 이그라이쩨 프푸드볼]

  너희들 축구 잘하니?

- Да, мы хорошо́ игра́ем в футбо́л. [다, 므이 허라쇼 이그라임 프푸드볼]

  네, 축구 잘해요.

- Что он(она́) сейча́с де́лает? [쉬또 온(아나) 씨이촤쓰 지엘라잇]

  그는(그녀는) 지금 무엇을 하고 있나요?

- Сейча́с он(она́) игра́ет на пиани́но. [씨이촤쓰 온(아나) 이그라잇 나삐아니나]

  (пиани́но는 외래어로서 어미가 변치 않음)

  그는(그녀는) 지금 피아노를 치고 있어요.

- Он(она́) хорошо́ игра́ет на пиани́но? [온(아나) 허라쇼 이그라잇 나삐아니나]
그는(그녀는) 피아노를 잘 치나요?

- Да, он(она́) хорошо́ игра́ет на пиани́но. [다, 온(아나) 허라쇼 이그라잇 나삐아니나]
네, 그는(그녀는) 피아노를 잘 쳐요.

- Что вы лю́бите? [쉬또 브이 류비쩨]
당신은 무엇을 좋아하시나요?

- Я люблю́ слу́шать му́зыку. [야 류블류 슬루샤찌 무즈이꾸]
저는 음악 듣기를(음악 감상을) 좋아합니다.

- Я не люблю́ спорт. [야 니 류블류 쓰뽀르뜨]
저는 스포츠를 좋아하지 않습니다.

- Я люблю́ танцева́ть. [야 류블류 딴쩨바찌]
저는 춤추기를 좋아합니다.

- Я люблю́ чита́ть кни́гу. [야 류블류 취따찌 크니구]
저는 책 읽기를 좋아합니다.

- Я люблю́ чита́ть журна́л. [야 류블류 취따찌 쥬르날]
저는 잡지 읽는 걸 좋아합니다.

- Я люблю́ смотре́ть телеви́зор. [야 류블류 스마뜨례찌 찔리비자르]

    저는 텔레비전 보는 걸 좋아합니다.

- Я люблю́ о́перу. [야 류블류 오뻬루]

    저는 오페라를 좋아합니다.

- Я люблю́ бале́т. [야 류블류 빌렛]

    저는 발레를 좋아합니다.

- У вас есть хо́бби? [우바쓰 예스찌 홉비]

    취미가 있으세요?

- Да, у меня́ есть хо́бби. [다 우미냐 예스찌 홉비]

    네, 취미 있습니다.

- Како́е у вас хо́бби? (хо́бби는 어미가 и로 끝나지만, 외래어이기 때문에 중성명사이
                    므로 의문사가 Како́е가 중성 단수 어미 형태다)

    어떤 취미를 갖고 계세요? [까꼬에 우바쓰 홉비]

- Моё хо́бби спорт. (хо́бби가 중성명사이므로 소유대명사 중성 단수 어미 형태다)

    제 취미는 운동입니다. [마요 홉비 쓰뽀르뜨]

– У него́ есть хо́бби? [우니보 예스찌 홉비]

그는 취미가 있니?

– Да, у него́ есть хо́бби. [다, 우니보 예스찌 홉비]

응, 그는 취미를 가지고 있어.

– Како́е у него́ хо́бб<u>и</u>? [까꼬에 우니보 홉비]

그는 어떤 취미를 갖고 있니?

– Его́ хо́бби – чита́ть кни́гу. [이보 홉비 – 취따찌 크니구]

그의 취미는 책 읽는 거야(독서야).

– У тебя́ есть хо́бби? [우찌뱌 예스찌 홉비]

너 취미 있니?

– Да, у меня́ есть хо́бби. [다, 우미냐 예스찌 홉비]

응, 나 취미 갖고 있어.

– Како́е у тебя́ хо́бби? [까꼬에 우찌뱌 홉비]

어떤 취미를 갖고 있니?

– Моё хо́бби – чита́ть кни́гу. [마요 홉비 – 취따찌 크니구]

내 취미는 책 읽는 거야(독서야)

러시아 문화 Ру́сская культу́ра

◎ 러시아인의 일상생활 에티켓

러시아에서는 손님으로 갈 때 주로 꽃, 초콜릿, 샴페인 등을 선물로 준비한다. 러시아인들은 꽃(цветы́ 쯔비뜨이, '한 송이 꽃'은 'цвето́к 쯔비똑'임)을 매우 좋아한다. 생일 축하 등 다양한 행사를 위한 선물용 꽃을 사서 갈 경우 반드시 홀수로 사야만 한다. 짝수(2, 4, 6, 8, 10 …)의 꽃송이로 된 꽃다발은 장례식 등 죽은 사람에게만 바치는 경우에 사용하므로 주의해야 한다. 특히 꽃을 좋아하는 러시아인들은 꽃을 선물 받으면 크게 기뻐한다. 그래서 러시아인들은 초대받아 갈 때 다른 물건들에 비해 훨씬 더 비싼 꽃들을 사서 선물한다.

러시아인들은 손님으로 방문할 경우, 먼저 현관의 옷걸이에 외투와 옷, 모자 등을 걸어 놓은 후 거실로 들어간다. 특히 추운 겨울이 긴 러시아에서는 공공건물이나 극장 및 학교에서도 안으로 들어가기 전에 반드시 외투 보관소(гардеро́в 가르지로프)에 외투와 모자 등을 맡긴 다음 보관인으로부터 표를 받은 후 안으로 들어가야 한다. 이러한 에티켓(этике́т 에찌꼐뜨, 예절)은 일상생활에서 반드시 지켜야 할 무언의 규칙으로 정착되어 있다.

러시아인들은 기차나 버스 등에서 임신부나 노약자들, 또는 어린 아이를 데리고 있는 사람 등에게 자리를 양보하는 미덕과 배려하는 마음을 지니고 있다. 그리고 러시아 남성들은 여성에게 배려하는 에티켓도 지니고 있다. 예를 들어, 버스 등에서 내릴 때, 남성이 먼저 내린 다음, 차에서 내려오는 여성의 손을 잡아 준다.

또한 공공건물 등을 들어가거나 나갈 때도 러시아 남성들은 어린이나 여성들이 먼저 들어가거나 나가도록 문을 열어준다. 이처럼 러시아인들은 일상생활에서 노약자나 여성 등에게 양보하고 배려하는 에티켓 문화가 잘 정착되어 있다.

들어가도 될까요?

Мне мо́жно войти́?

◎ <u>조동사 мо́жно</u>를 사용한 허락, 겸손한 요청, 가능, 필요 등에 관한 표현

● **무인칭문에서 조동사 мо́жно 사용 용법:**

조동사 мо́жно는 '해도 된다, 해도 좋다, 할 수 있다, 가능하다'란 뜻을 지닌 술어다. 반대말은 нельзя́. 참고로 조동사 мо́жно, нельзя́, ну́жно 등이 포함된 문장을 '무인칭문'이라 한다. 무인칭문에서는 인칭대명사 주격 대신 여격을 쓴다. Мне мо́жно войти́? 를 인칭대명사 주격 я의 여격인 мне를 생략하고 보통 Мо́жно войти́?(들어가도 될까요?)로 씀.

- Здра́вствуйте! Мне мо́жно войти́? 안녕하세요. 들어가도 될까요?

[므녜 모쥐나 바이찌]

(제9과에서 설면한 바와 같이, 인칭대명사 주격에 대응하는 여격과 그 뜻은
다음과 같다. 꼭 알아두자! я 나 → мне 나에게, ты 너 → тебе́ 너에게, вы
당신(당신들, 너희들)→ вам 당신(당신들, 너희들)에게, мы 우리 → нам 우리
에게, он 그 → ему́ 그에게, она́ 그녀 → ей 그녀에게, оно́ 그것 → ему́
그것에게, они́ 그들 → им 그들에게. 참고로 인칭대명사가 사람을 표현하는
대신 사물을 나타내는 지시대명사로 쓰이거나, 부정하거나 불의한 사람 등을
동물에 빗대어 표현하거나 비하해서 표현할 경우, 형태는 같지만 뜻이 다음과
같이 달라진다. он과 оно́ 그것이 → ему́ 그것에게, она́ 그것이 → ей 그것에
게, они́ 그것들이 → им 그것들에게.)

- Здра́вствуй! Да, (вам) мо́жно (войти́). [다, (밤) 모쥐나 (바이찌)]
안녕하세요. 네, (당신은) (들어가도) 됩니다.

- Здра́вствуйте! (Мне) Мо́жно вы́йти? [(므녜) 모쥐나 브이이찌]
안녕하세요. (제가) 나가도 될까요?

- Здра́вствуй! Да, пожа́луйста. 안녕하세요. 네, 그러시죠.(좋습니다) [다, 빠좔스따]
(영어의 'please' 해당하는 пожа́луйста란 단어는 상황에 따라 다양하게 사용
되며, 그 뜻도 달라진다. 표를 살 때, '부탁합니다.'란 뜻으로 쓰이거나, 상대방
의 '−을 해도 되느냐?(좋은가)'란 물음에 '그렇게 해도 된다(좋다).'라고 답할
때 사용된다.)

– Мóжно спросúть? [모쥐나 스쁘라씨찌]

질문을 해도 될까요?

– <u>Да, конéчно.</u> <u>네, 물론입니다.</u> [다, 까녜쉬나]

（바로 앞에서 설명한 пожáлуйста란 단어처럼 이 <u>конéчно</u>란 단어도 상대방의
'－을 해도 되느냐?(좋은가)'란 물음에 '물론 그렇다(좋다)', '물론 그렇게 해도 된
다'라고 답할 때 사용된다. 또한 '물론', '틀림없이'란 뜻의 삽입어로도 쓰인다.）

– Извинú<u>те</u>, мóжно <u>открúть(закрúть)</u> дверь? [이즈비니쩨, 모쥐나 <u>앗끄르이찌</u>
(자끄르이찌) 드볘리]

실례합니다만, 문을 <u>열어도(닫아도)</u> 될까요? (Извинúте는 '저를 용서하세요.'란 뜻을
지닌 명령문 'Извинúте меня.'에서 меня가 생략된 문장이다. 보통 '저를
용서하세요.'란 뜻보다는 '미안합니다', '실례합니다', 또는 '미안합니다만',
'실례합니다만'이란 표현으로 쓰인다. 상대방 화자가 2인칭 대명사 단수 형태
인 ты일 경우, '미안해'란 뜻인 Извинú로 표현된다. 그런데 상대방 화자가
2인칭대명사 복수 형태인 вы일 경우, те를 덧붙여 Извинúте라고 표현됨.)

– Да, конéчно. [다, 까녜쉬나]

네, 물론입니다.

– <u>Мóжно</u> подождáть здесь? [<u>모쥐나</u> 빠다즈다찌 즈졔씨]

여기서 기다려도 <u>될까요?</u>

– Да, конéчно. [다, 까녜쉬나]

네, 물론입니다.

- Мне ну́жно пойти́ в библиоте́ку. [므녜 누즈나 빠이찌 브비블리아쩨꾸]

  저 도서관에 (걸어) 가야 해요. (직역 : 저 도서관에 (걸어) 가야 할 필요가 있어요. 조동사 ну́жно는 '필요하다, 요구 된다'란 뜻을 지닌 술어다. '필요한, 요구 되는'이란 뜻을 지닌 형용사 ну́жнный에서 어미 ый 대신 о를 붙여 부사로 만든다. 참고로 형용사 ну́жнный 는 어간 ну́жн + 어미 ый임.)

- Мне ну́жно говори́ть по-ру́сски. [므녜 누즈나 거바리찌 빠-루쓰끼]

  저 러시아어로 말할 필요가 있어요.

- Ей ну́жно пойти́ в университе́т. [예이 누즈나 빠이찌 부니비르씨쩻]

  그녀는 대학교에 (걸어) 가야 해요. (직역 : 그녀는 대학교에 (걸어) 가야 할 필요가 있어요.)

- Ему́ ну́жно пойти́ в теа́тр. [이무 누즈나 빠이찌 프찌아뜨르]

  그는 극장에 (걸어) 가야 해요. (직역 : 그는 대학교에 (걸어) 가야 할 필요가 있어요.)

- Вам ну́жно пое́хать на да́чу. [밤 누즈나 빠예하찌 나다추]

  당신은 별장에 (차 등을 타고) 가야 해요. (직역 : 당신은 별장에 (차 등을 차고) 가야 할 필요가 있어요.)

- Нам ну́жно гото́вить обе́д. [남 누즈나 가또비찌 아볏(아볘트)]

  우리는 점심(식사를)을 준비해야 해요. (직역 : 우리는 점심을(식사를)준비할 필요가 있어요.)

• <u>조동사 нельзя를 사용한 금지에 관한 표현</u>

<u>조동사 нельзя</u>는 '해서는 안 된다, 할 수 없다, 불가능하다'란 뜻을 지닌 술어다. 반대말은 мóжно. 참고로 조동사 мóжно, нельзя, нýжно 등이 포함된 문장을 '무인칭 문'이라 한다. 무인칭문에서는 인칭대명사 주격 대신 여격을 쓴다. Здéсь мне мóжно курить?를 인칭대명사 주격 я의 여격인 мне를 생략하고 보통 Здéсь мóжно курить? (여기서 담배를 피워도 될까요?)로 씀.

- Здéсь <u>мóжно</u> курить? [즈졔씨 <u>모쥐나</u> 꾸리찌]

  여기서 담배를 피워도 <u>될까요?</u>

- Здéсь <u>нельзя</u> курить. [즈졔씨 <u>닐리쟈</u> 꾸리찌]

  여기서 담배를 피우시면 <u>안 됩니다.</u>

- <u>Мóжно</u> включить телевизор? [<u>모즈나</u> 프끌류취찌 찔리비자르]

  텔레비전을 켜도 <u>될까요?</u>

- <u>Нет, нельзя</u>. [넷, 닐리쟈]

  <u>아니오, 안 됩니다.</u> (조동사 нельзя는 '안 된다, 해서는 안 된다, 금지되어 있다, 할 수 없다, 불가능하다'란 뜻을 지닌 술어다.)

- <u>Мóжно</u> вы́ключить свет? [<u>모즈나</u> 브이끌류취찌 스볫(스베뜨)]

  불을 꺼도 <u>될까요?</u>

- Нет, <u>нельзя</u>. [넷, 닐리쟈]

  아니오. <u>안돼요.</u>

● **조동사** дóлжен(должнá, должнó, должны́)**를 사용한 의무에 관한 표현**

어떤 행위를 '반드시 해야만 한다'는 뜻의 '의무'에 관해 표현할 경우, 문장의 주어이
자 화자인 я나 ты가 남성일 경우, 조동사 дóлжен을, 화자가 여성일 경우, должнá를
쓴다. 참고로 '당연한', '당연히 해야 할', '의무의', '의무적인', '해야(만) 하는' 등의
뜻을 지닌 형용사의 어미가 긴 장어미의 형태는 дóлжный다. 장어미는 항구적인 의미
가 있는 반면, 형용사의 어미가 짧은 단어미는 일시적인 의미가 있다. 그리고 단어미는
주어가 남성이면 어미가 자음으로 끝나고, 여성이면 а, 중성이면 o, 복수이면 ы로
끝남(즉, он дóлжен, онá должнá, онó должнó, они́ должны́)

– Вы сегóдня свобóдны? [브이 씨보드냐 스바보드느이]

당신, 오늘 시간이 있으세요? (직역 : 당신, 오늘 자유로우세요? 주어가 Вы 2인칭 복수이므로

형용사 단어미 형태가 свобóдны처럼 복수 어미 ы로 끝남)

– Извини́те, (пожáлуйста,) я сегóдня зáнят(занятá). Я дóлжен(должнá)

помóчь мáме. [이즈비니쩨, (빠좔스따,) 야 씨보드냐 자닛(자니따). 야 돌췐(달즈나)

빠모취 마몌]

미안해요, 오늘 저 바빠요, 저 엄마를 도와드려야만 하거든요.

– Ты сего́дня свобо́д<u>на</u>? [뜨이 씨보드냐 스바보드나]

오늘 너 시간 있니? (직역 : 오늘 너 자유로우니? 주어 Ты가 여성 화자이므로 형용사 단어미

형태가 свобо́д<u>на</u>처럼 단수 여성형 어미 а로 끝남)

– Извини́<u>,</u> (пожа́луйста,) я сего́дня <u>за́нят(занята́)</u>. Я <u>до́лжен(должна́) помо́чь</u>

ма́ме. [이즈비니, (빠좔스따,) 야 씨보드냐 <u>자닛(자니따)</u>. 야 돌쳰(달즈나) 빠모취 마몌]

<u>미안해</u>, 오늘 나 바빠, 나 엄마<u>를</u> <u>도와드려야(만)</u>해.

> (Извини́는 '날 용서해요.'란 뜻을 지닌 명령문인 'Извини́ меня́.'에
> 서 меня́가 생략된 문장이다. 보통 '나를 용서해라.'란 뜻보다는 '미안
> 해', 또는 '미안하지만'이란 표현으로 쓰인다. 이 문장에서처럼 상대방
> 화자가 2인칭 대명사 단수 형태인 ты일 경우, '미안해'란 뜻인 Извини́
> 로 표현된다. 그런데 상대방 화자가 2인칭대명사 복수 형태인 вы일
> 경우, те를 덧붙여 Извини́те라고 표현됨.) 그리고 '–을 해야만 한다'
> 는 '의무'에 관한 조동사는 주어인 화자가 남성일 경우엔 до́лжен이
> 사용되며, 화자가 여성일 경우는 должна́가 사용됨!)

• **허락, 겸손한 요청, 가능, 필요, 의무, 금지 등이 표현된 대화**

– До́брый день, Ве́ра! Мо́жно войти́? [도브르이 젠, 베라 <u>모쥐나</u> 바이찌]

안녕하세요, 베라(베라)! <u>들어가도 될까요?</u>

– До́брый день, Анто́н! Да, пожа́луйста. [도브르이 젠, 안똔 다, 빠좔스따]

안녕하세요, 안똔(안톤)! 네, 그러시죠.(좋습니다)

– Серге́й Алекса́ндрович(Анна Па́вловна) здесь?

세르게이 알렉산드로비치(안나 파블로브나) 씨 여기에 계신가요?

– <u>Его́(Её)</u> сейча́с здесь <u>нет</u>. <u>그 분</u>(그 여자분) 지금 여기 <u>안 계세요</u>.

[이보(이요) 씨이촤쓰 즈졔시 넷]

(Его́(Её) нет 그(그녀가) 없다, он(она́)가 부정 생격을 취하는 '무인칭 동사 нет' 때문에 его́(её)로 변함. 무인칭 동사 нет는 '없다, 존재하지 않다, 있지 않다'는 뜻. cf. '아니, 아니오, 그렇지 않다' 등을 뜻하는 '술어'로서도 사용됨!)

– Когда́ он(она́) здесь <u>бу́дет</u>? [까그다 온(아나) 즈졔시 <u>부짓</u>]

언제 그분(그 여자분) 언제 여기 <u>오시죠</u>? (직역 : 언제 그분(그 여자분) 언제 여기 <u>계시죠</u>?

<u>бу́дет</u>은 '있을 것이다, 존재할 것이다'란 뜻으로 주어의 미래 시제를 표현함. 여기서는 '올 것이다', 즉 '온다'고 의역함. '존재하다'란 뜻의 동사 <u>быть</u>의 미래형임. 현재형 단수와 복수는 '존재하고 있다, 이다'란 뜻의 <u>есть</u>인데, 강조 시만 사용하고, 현재 시제에서는 보통 생략됨! 과거는 3인칭 대명사 성과 수에 따라 다음과 같은 형태다. Он был 그는 –이었다, Она́ была́ 그녀는 –이었다, Оно́ бы́ло 그것은 –이었다, Они́ бы́ли 그들은 –이었다.)

– Он(Она́) <u>бу́дет</u> <u>че́рез</u> полтора́ часа́. (полтора́ часа́ 1.5 시간, 즉 1시간 반)

　　　　　　↑　　　　　　　　　　　　[온(아나) 부짓 체리쓰 빨따라 치싸]

1시간 반 <u>후에</u>(지나서) 오세요.(1시간 반 후에 <u>있을</u> 것입니다.)

– <u>Мо́жно</u> подожда́ть здесь? [모즈나 빠다즈다찌 즈졔씨]

여기서 기다려도 <u>될까요</u>?

– Да, коне́чно. [다, 까녜쉬나]

  네, 물론입니다.

– Мо́жно позвони́ть? [모즈나 빠즈바니찌]

  전화를 해도(써도) 되나요?

– Да, пожа́луйста. Вот телефо́н. [다, 빠좔쓰따, 봇(보뜨) 찔리폰]

  네, 그러시죠.(좋습니다) 전화 여기 잇습니다.

– Зде́сь мо́жно кури́ть? [즈졔씨 모즈나 꾸리찌]

  여기서 담배를 피워도 될까요?

– Зде́сь нельзя́ кури́ть. [즈졔씨 닐리쟈 꾸리찌]

  여기서 담배 피우시면 안 됩니다.

– Вы должны́ сейча́с е́хать в аэропо́рт? [브이 달즈느이 씨이촤쓰 예하찌
                                                    바에라뽀르뜨]

  지금 공항에 가야만 합니까?

– Да, я до́лжен сейча́с е́хать туда́(в аэропо́рт). [다, 야 돌쉔 씨이촤쓰 예하찌
                                                        뚜다(바에라뽀르뜨)]

  네, 지금 거기(공항에) 가야만 합니다.

– Когда́ <u>при</u>лета́ет самолёт? 비행기가 언제 도착하죠? [까그다 쁘리리따잇 싸말룟]

(<u>при</u>лета́ет = (<u>при</u> 접두사 + лета́ет, лета́ет은 불완료상(체) 동사 лета́ть의 현재형으로서, '날아다니고 있다, 비행중이다' 란 뜻, 이 동사에 <u>при</u>란 접두사가 붙어서 완료상 동사가 만들 어지며, <u>완료상동사는 그 자체로 '미래시제'를 표현함.</u> 그래서 '<u>단순 미래</u>'라 함. 이에 비해 '<u>합성식 미래</u>'는 존재의 미래를 표 현하는 <u>동사 быть</u>의 미래 시제 단수형인 бу́дет와 복수형인 бу́дут와 더해져, 미래가 표시됨. <u>при</u>лета́ет은 (비행기나 새 등 비행물체가) '날아서 도착할 것이다'란 뜻임.)

– Он(самолёт) прилета́ет в 2 часа́. (в 2 часа́ 2시에. в + 시간의 대격, <u>2</u> часа́ 2시)

[온(싸말룟) 쁘리리따잇 브드바 치싸]

(비행기가) 두 시에 도착합니다.

– Как дое́хать <u>до</u> аэропо́рта? (дое́хать <u>до</u> + 명사 생격 −을 타고 −에(까지)도착하다)

[까그 다예하찌 다아이라쁘르따]

어떻게 공항에 갈(도착) 수 있죠?

– Туда́(До аэропо́рта) мо́жно дое́хать <u>на</u> такси́ и́ли <u>на</u> авто́бус<u>е</u>.

[뚜다(다아이라쁘르따) 모즈나 다예하찌 나딱씨 일리 나아프또부쎄]

거기에(공항까지) 택시나 버스를 타고 갈(도착) 수 있습니다. (на такси́ 택시를 타고, 중성 명사 전치격이나, 택시는 외래어이므로 어미가 불변, на авто́бусе 전치격 버스를 타고, 남성 명사 단수)

- Сего́дня ве́чером <u>вы свобо́дны</u>? Я <u>хочу́</u> пойти́ в теа́тр <u>с ва́ми</u>.

[씨보드냐 베치람 <u>브이 스바보드느이</u>? 야 <u>하추</u> 빠이찌 프찌아뜨르 <u>스바미</u>]

당신, 오늘 저녁 시간 있으세요? 당신과 (함께) 극장에 가고 싶어요. (<u>вы свобо́дны</u>
'당신은 시간이 있다'란 뜻, <u>с ва́ми</u>. 당신과 함께, 전치사
с는 조격을 취함, ва́ми는 вы의 조격임.)

- Извини́<u>те</u>, сего́дня ве́чером я <u>за́нят</u>. <u>Мне ну́жно</u>(<u>Я до́лжен</u>) пойти́ в теа́тр.

[이즈비니쩨, 씨보드냐 베치람 야 <u>자닛</u>. <u>므녜 누주나</u>(야 돌줸) 빠이찌 프찌아뜨르]

<u>미안합니다</u>, 오늘 저녁 저 <u>바쁩니다</u>. 극장에 <u>가야</u> 하거든요.

- Алло́. [알로]

여보세요.

- Позови́те, пожа́луйста, Ве́ру. [빠자비쩨, 빠좔스따, 베루]

베라<u>를</u> 바꿔주세요. (직역 : 베라를 불러주세요.)

- Одну́ мину́ту. 잠시 기다리세요. [아드누 미누뚜]

(<u>Одну́ мину́ту</u>는 개수사와 여성 명사 단수 주격 <u>Одна́ мину́та</u>의 대격 형태
임. '1분'이란 뜻이나, '잠시'란 뜻으로 쓰임. 원래는 '<u>Подожди́(те)</u> <u>одну́</u>
<u>мину́ту</u>.'인데, 이처럼 '<u>Подожди́(те)</u>[빠다즈지(쩨)]'를 생략하여 쓰기도 함.)

- Слу́<u>шаю</u> <u>вас</u>. [슬루솨유 바쓰]

<u>말씀하세요</u>. (직역 : <u>제가 당신의 말을 듣고 있습니다</u>.)

- Ве́ра, <u>э́то Анто́н говори́т</u>. Сего́дня ве́чером вы свобо́дн<u>ы</u>?

[베라, <u>에따 안똔 거바릿</u>. 씨보드냐 베치람 브이 스바보드느이]

베라, <u>안톤입니다</u>. (직역 : <u>안톤이 말하고 있습니다</u>.) 오늘 저녁 당신 시간 있으세요?

- Анто́н, сего́дня ве́чером я свобо́дна. Где и когда́ мы встре́тимся?

  [안똔, 씨보드냐 베치람 야 스바보드나. 그졔 이 까그다 므이 프스뜨례찜쌰]

  안톤, 오늘 저녁 저 시간 있어요. 언제 어디서 우리 만날까요?

- Дава́йте встре́тимся сего́дня ве́чером в па́рке в 6 часо́в.

  [다바이쩨 프스뜨례찜샤 씨보드냐 베치람 프빠르께 프쉐스찌 치쏩(치쏘포)]

  자, 우리 오늘 저녁 6시에 공원에서 만나죠.

  (Дава́йте встре́тимся 만납시다, Дава́йте + 완료상 동사 미래 시제 1인칭 복수형은 '명령법의 특수용법'인 '청유형'으로서, '자 -합시다'란 뜻. встре́тимся는 완료상 동사 встре́титься의 미래 시제 1인칭 복수형. 보통 встре́титься с + 조격, '-와 만나다'란 뜻으로 사용됨.)

- Хорошо́. (Мы) Договори́лись. До ве́чера. [허라쇼. (므이) 다가바릴리씨. 다베치라]

  좋아요. (우리) 약속했습니다. 안녕히 계세요.(저녁에 뵙죠)

  (Договори́лись는 '우리 약속했습니다'란 뜻인 Мы договори́лись에서 Мы가 생략된 것임. 완료상 동사 до́говори́титься는 '약속하다. 합의하다, 협정하다'란 뜻. 주어가 복수이므로 동사 어간인 до́говор에 과거시제 복수 어미인 ли가 붙고, сь가 붙어서 만들어진 것임. 즉, 동사어간 до́говор + 과거시제 복수 어미인 ли + сь = договори́лись. сь는 동사에 붙어 행위나 동작의 '수동'이나 '상호'를 표시함. сь는 ся와 같은 뜻이나, и́лись처럼 모음으로 끝나면, ся 대신 사용됨. 반면에 встре́тимся에서처럼 자음으로 끝나면, ся가 쓰임.)

- До ве́чера. [다베치라]

  안녕히 계세요.(저녁에 뵙죠)

러시아 문화 Рýсская культýра

◎ 러시아의 유명 작가

알렉산드르 푸시킨(Алексáндр Пýшкин 알릭싼드르 뿌쉬낀, 1799-1837)은 19세기 초에 낭만주의 문학을 꽃피우고 '비판적 사실주의'의 길을 개척한 시인이자 소설가다. '러시아 근대문학의 아버지', '러시아 근대문학의 창시자', '러시아의 국민시인' 등으로 불리는 푸시킨은 다양한 장르에 걸쳐 작품을 창조한 천재 작가다. 푸시킨은 12살 되던 해인 1811년에 6년제 귀족 자제 교육기관인 리체이(лицéй 리쩨이)에 입학하여, 재학 중 120여 편의 시를 쓴다. 리쩨이 졸업 후 외무성 관리로 근무하던 중 진보적인 문학 서클인 '녹색 램프'에 가입해 미래의 데카브리스트(декабрúст 지까브리스뜨)들과 교류 한다. 이 무렵 그는 진보적인 시들을, 즉 농노제와 전제주의 제도를 비판한 시들들 발표했다는 이유로 1820년에 남러시아로 전출되었다가, 이후 프스코프(Псков 쁘쓰꼬 프) 부근의 작은 마을로 추방당한다. 푸시킨은 38세라는 젊은 나이에 미모의 아내를 둘러싸고 빚어진 단테스와의 결투로 1837년에 생을 마감한다. 푸시킨의 대표작으로 서사시 「루슬란과 류드밀라」, 시 형식의 소설 「예브게니 오네긴」, 희곡 「보리스 고두노 프」, 중편 「스페이드의 여왕」과 장편 「대위의 딸」 등이 있다.

바실리 고골(리)(Васúлий Гóголь 바씰리 고갈리, 1809-1852)는 1840년대의 '자연 (학)파 시대' 또는 '고골(리) 시대'를 연 작가다. 그는 우크라이나의 카자크(казáк 까자 끄) 귀족 가문에서 태어나 김나지움(гимнáзия 김나지야)을 졸업한 후 관리가 되기 위해 당시 러시아의 수도인 상트페테르부르크(Санкт-Петербу́рг 쌍뜨-뻬찌르부르크)로 이주해 3년간 관리로 근무한다. 그는 관리로 근무하면서 시를 통해 건강하고 활력이 넘치는 러시아 근대문학의 전통을 확립한 푸시킨과 친교를 맺어 그로부터 작가로 성장하는 데 커다란 도움을 받는다. 고골(리)은 소설을 통해 푸시킨의 전통을 계승한 바탕 위에 비판적 리얼리즘의 기반을 확고히 확립한다. 고골(리)의 대표작으로 장편 「죽은 혼」, 중편 「대장 불리바」, 희곡 「검찰관」, 단편 「외투」 등이 있다.

표도르 도스토옙스키(Фёдор Достое́вский 표다르 다쓰따예프쓰끼, 1821-1881)는 '19세기 러시아 문학의 거장', '비극 소설의 창시자', '영혼의 심연을 파헤친 잔인한 천재', '탁월한 정신병리 학자' 등으로 불린다. 도스토옙스키는 다양한 인물들의 운명에 관한 묘사를 통해 신과 인간의 문제, 종교(기독교), 자유, 사회, 민족 문제 등과 연관된 사상을 표현한 사사 소설을 쓴 작가이자 사상가다. 그의 작품의 미학적 특징은 작가 자신의 다양한 체험으로 인한 매우 복잡하고도 상징적인 철학 체계로 구축되어 있으며, 각 등장인물이 지니고 있는 사상들이 '다성적' 체계로 구성되어 있다는 점이다. 그의 대표작으로 장편 「죄와 벌」, 장편 「백치」, 장편 「악령들」, 장편 「카라마조프가의 형제들」 등이 있다.

레프 톨스토이(Лев Толсто́й 레프 딸쓰또이, 1828-1910)는 모스크바에서 남쪽으로 약 200킬로미터 떨어진 야스나야 폴랴냐(Ясная Поля́на 야쓰나야 빨랴나)의 명문 백작 가문에서 태어난다. 톨스토이는 3살 때 어머니를, 10살 때 아버지를 여읜다. 그는 프랑스 계몽주의 사상에 관심을 가지고, 특히 루소의 '자연주의' 사상에 심취한다. 그는 수도 페테르부르크에서 청년 장교로 근무하면서 술과 도박, 집시 여인들과의 방탕한 생활을 경험한다. 그러나 곧 도시 생활에 염증과 회의를 느껴 제대한 후 고향 영지인 야스나야 폴랴나로 돌아간다. 1857년에 그는 폴란드, 프랑스, 스위스 등을 여행하면서 서구 자본주의 문명 사회의 부패하고 타락한 모습을 체험한다. 서구에서 귀국한 그는 학교 건립, 교과서 저술 등을 통해 농민을 교육시키고 계몽하면서 농민들과 함께 농사를 짓는다. 1879년에 그는 러시아 정교회 탈퇴를 선언하고 자신의 과거 삶, 문학을 부정하는 책을 쓴다. 그는 무정부주의와 무저항 정신에 입각한 '톨스토이주의'를 몸소 실천하며, 기독교적 계율에 따라 삶을 살아가는 성직자의 길을 가려고 노력한다. 이로 인해 그는 결국 1901년에 러시아 정교회로부터 파문을 당한다. 이러한 상황에서 자신의 토지를 농민들에게 분배하려 했으나 아내의 강력한 반대로 뜻을 이루지 못하자 가출하여, 1910년 아스타포보 역에서 객사하여 야스나야 폴랴나에 묻힌다. 그의 대표작으로 장편「전쟁과 평화」, 장편「안나 카레니나」, 장편「부활」, 중편「크로이처 소나타」 등이 있다.

안톤 체호프(Антóн Чéхов 안똔 체하프, 1860-1904)는 남러시아의 항구 도시 타간로크에서 태어난다. 농노 출신의 보수적 성향을 지닌 아버지가 식료잡화점을 운영하다 파산하여 모스크바로 야반도주 한다. 체호프는 유모 잡지에 투고하여 번 돈으로 모스크바대학교 의학부를 졸업한 후 의사로 활동하면서 얻은 체험을 소재로 작품 활동을 한다. 그는 인생을 자연과학적이고 의학적인 방법론을 사용해 유물론적이고 무신론적으로 이해한다. 그는 의사가 환자를 진찰하듯 주변 현실과 인생을 다양한 관점에서 철저히 조사하고 분석해 모순으로 가득 찬 러시아 현실을 묘사한다. 또한 그는 기존의 전통적인 장르들을 패러디해서 작품을 창조한다. 또한 그는 시베리아(Сибúрь 씨비리)를 경유하여 1890년 사할린(Сахалúн 싸할린)에 도착해 강제수용소의 상황을 조사한 자료를 토대로 「사할린 섬 Остров Сахалúн 오쓰뜨라프 싸할린」이란 책을 쓴다. 이 사할린 여행 후 그는 1880년대에 톨스토이로부터 받은 철학적 영향에서 벗어나 톨스토이와 그의 사상을 비판한다. 그는 기아로 고통을 당하는 농민들을 구제하는 대규모 사회운동에 적극적으로 참여하고, 1892년 콜레라가 창궐하자 무료 진료 활동을 한다. 그는 병을 치료하기 위해 얄타(얄따 Ялта)로 이사했으나, 1904년에 건강이 악화되자 독일에서 요양치료를 받다 그해에 사망하여, 모스크바의 노보데비치 수도원(Новодéвичий монастúрь 나바졔비치이 마나쓰뜨이리)에 묻힌다. 그의 대표작으로 중편「6호실」, 중편「초원」, 단편「개를 데리고 다니는 부인」, 중편「귀여운 여인」, 희곡「갈매기」, 희곡「벚꽃동산」, 희곡「바냐 외삼촌」, 희곡「세 자매」 등이 있다.

▌이영범

모스크바대학교 문학박사(러시아문학 전공)
전) 청주대학교 러시아어문학과 교수
한국노어노문학회 회장 역임
현) 청주대학교 교양학부 교수(생활 러시아어와 러시아 문화와 예술 등 강의)

저서 : 『애니메이션 러시아어』, 『파워중급러시아어』, 『러시아어 말하기와 듣기』(공저), 『러시아 문화와 예술』(공저),
　　　『한－러 전환기 소설의 근대적 초상』(공저), 『쉽게 익히는 러시아어』(공저) 외 다수.
역서 : 『러시아 제국의 한인들』(공역), 『대위의 딸』, 『인생론』, 『참회록』, 『크로이처 소나타』, 『체호프 유머 단편집』 외 다수.
논문 : 「뿌쉬낀의 '대위의 딸'의 시공간 구조와 슈제트의 연구」, 「고골의 중편 '따라스 불리바'에 나타난 작가의 관점 연구」, 「푸슈킨
　　　의 '보리스 고두노프'에 나타난 행위의 통일성」, 「뿌쉬낀의 '스페이드 여왕'의 제사(題詞)연구」, 「폴리포니야'의 개념과
　　　도스토옙스키의 장편 '죄와 벌'의 대화 구조」, 「도스토옙스키의 장편 '죄와 벌'의 큰 대화와 슈제트 대화」, 「톨스토이의
　　　'안나 카레니나'에 나타난 사고의 문제」 외 다수.

러시아 문화와 생활 러시아어

2019년 2월 28일 초판 1쇄 펴냄
2020년 2월 21일 초판 2쇄 펴냄

지은이 이영범
펴낸이 김흥국
펴낸곳 보고사

등록 1990년 12월 13일 제6-0429호
주소 경기도 파주시 회동길 337-15 보고사
전화 031)955-9797(代)
　　　02)922-5120~1(편집), 02)922-2246(영업)
팩스 02)922-6990
메일 kanapub3@naver.com
http://www.bogosabooks.co.kr

ISBN 979-11-5516-870-7 03790

정가 10,000원